RAPHAËL, LE SECRET

Des mêmes auteures :

Deux copains en pleine mer, Sylvie Dumez, Edilivre, 2019

Poudre d'escampette, Sylvie Dumez, BOD, 2020

Les Matthéo, l'été des aventures, Cathy Jardry & Sylvie Dumez, Edilivre, 2020

RAPHAËL, LE SECRET

Sylvie DUMEZ et Cathy JARDRY

© 2020 Sylvie Dumez et Cathy Jardry

Éditeur : BoD-Books on Demand
12-14 rond-point des Champs-Élysées, 75008 Paris
Impression : Books on Demand, Norderstedt, Allemagne

Illustration : Sylvie Dumez et Cathy Jardry

ISBN : 9782322258901
Dépôt légal : Novembre 2020

Loi n°49-956 du 16 juillet 1949 sur les publications destinées à la jeunesse, modifiée par la loi n°2011-525 du 17 mai 2011

Pour tous ceux qui m'aiment,

et ceux que j'aime.

Cathy

Pour Dalya, Agathe et Fabien.
Pour Nicolas, Jonathan et Bernard.

Sylvie

Un craquement se fit soudain ; fou d'épouvante,
Ayant poussé le plus terrible hurlement
Qui soit jamais sorti de poitrine vivante,
Je tombai sur le dos, roide et sans mouvement.

Guy de Maupassant (1850-1893)
Des vers

PROLOGUE

Absorbé par sa leçon d'histoire, le jeune garçon semble coupé de son environnement. Il a un contrôle demain et ne parvient pas à retenir la plupart des dates… Il faut absolument que ça rentre !

Seul le chat enroulé à ses pieds soulève une paupière, inquiet. Il a perçu quelque chose, il est sur le qui-vive, il attend… Mais tout semble normal… Il se rendort.

Tout à coup, une autre vibration, plus forte : le chat bondit, fait le dos rond, toutes griffes dehors, oreilles en arrière, le poil hérissé. Il se met à feuler…

— Pichu, laisse-moi travailler ! J'ai vraiment pas le temps de m'occuper de toi !

Le chat ne se calme pas. Au contraire, il semble de plus en plus apeuré. Tous ses sens sont en éveil. Le garçon est trop concentré pour s'en apercevoir. Il ne veut pas être dérangé : il se lève et pousse gentiment le félin hors de la chambre.

Il n'a pas perçu les signaux.
C'est la cinquième fois qu'il n'entend pas l'appel…
Il va falloir passer à l'étape supérieure.

Chapitre I

Raphaël se réveilla très tôt. Il avait mal dormi, des rêves étranges avaient surgi pendant la nuit. Bizarre… D'habitude il ne rêvait pas ou, pour être plus précis, il ne se souvenait jamais de ses rêves. Il avait appris récemment que tout le monde rêvait et avait eu beaucoup de mal à le croire…

Il faisait encore nuit et c'était la pleine lune. Sa mère, du genre insomniaque, répétait souvent qu'elle ne pouvait pas fermer l'œil les nuits de pleine lune : était-il en train de suivre le même chemin ? Qui plus est, il avait mal accroché les volets de sa chambre et ils avaient claqué pendant des heures au rythme du vent violent qui s'était levé vers minuit. La vieille demeure dans laquelle il vivait avec ses parents et ses grands-parents aurait eu besoin de réparations : la toiture était à refaire, les volets à repeindre, les portes grinçaient, les fenêtres laissaient passer l'air et plusieurs pièces n'avaient pas encore été rénovées. Ses ancêtres avaient vécu depuis plusieurs générations dans cette immense bâtisse, qui fut probablement bourgeoise en son temps. Aujourd'hui ses grands-parents n'occupaient que quatre vastes pièces au rez-de-chaussée. Raphaël et ses parents, quant à eux, disposaient de huit pièces situées sur deux niveaux, mais en réalité n'utilisaient que leur salle de bains et leurs chambres. Ils prenaient leurs repas avec les grands-parents, comme cela se faisait encore parfois à la campagne. La maison avait été bâtie en haut de la rue de l'église, dominant ainsi tout le village. Aujourd'hui, seule sa taille en imposait, ainsi que le splendide jardin d'agrément réaménagé par les grands-parents, jardin visible depuis la grille du portail qui donnait sur la rue à l'arrière de la propriété. Parfois quelques visiteurs s'arrêtaient pour photographier les massifs resplendissants où mamie Luce montrait son habileté à marier les couleurs des vivaces aux tailles et formes variées. Ces clichés étaient le plus souvent postés sur les réseaux sociaux, du coup, lorsque l'on tapait le nom du village dans un moteur de recherche, les images obtenues présentaient régulièrement les fleurs de Luce ! Quant à papi Philippe, il avait davantage investi la partie potager, qui s'était agrandie avec le temps, jusqu'à devenir une de ses plus grandes fiertés. Depuis sa plus tendre enfance, Raphaël avait passé des journées entières dans ce jardin qu'il avait exploré sous toutes les coutures dès qu'il avait su marcher. Il adorait s'installer sous le grand tilleul pour écouter de la musique, lire ses mangas ou simplement rêvasser en regardant son papi s'occuper de ses plantations avec amour… Gare aux limaces qui tentaient de s'approcher des laitues ! Ce jardinier talentueux avait plus d'un tour dans son sac, ne serait-ce que l'utilisation du marc de café autour des salades. Il cultivait des légumes bio depuis toujours et pouvait se vanter d'avoir converti toute sa famille aux vertus d'une alimentation saine, et au respect de la nature. À commencer par Laure et Thierry, les parents de Raphaël. La trentaine bien avancée, un brin idéalistes et surtout très motivés, ils s'étaient lancés dans la réalisation du projet de leur vie : redynamiser le centre-bourg, renforcer les liens humains, l'entraide, la convivialité entre les habitants. Transformer l'ancienne échoppe fermée depuis quinze ans avait nécessité pas mal de travaux et de sacrifices. Le résultat en valait la peine, se disaient-ils chaque matin en relevant le rideau de leur boutique moderne, écologique, agrémentée d'un coin restauration. On pouvait consommer sur place diverses variétés de café et des thés biologiques et équitables, des jus de fruits frais, des pâtisseries locales entre autres. La philosophie de l'établissement était de favoriser les circuits de distribution les plus courts possibles et de valoriser les petits producteurs et l'artisanat de la région. Ils avaient dû emprunter beaucoup d'argent et ne pouvaient se permettre un second emprunt afin de restaurer leur propre maison. En fait, la grande demeure appartenait à mamie Luce et papi Francis, mais ils avaient seulement pu faire rénover le rez-de-chaussée, limités par leur modeste pension de retraite.

Raphaël se tournait et se retournait dans son lit, impossible de se rendormir. Il essaya de se rappeler son dernier rêve. Les autres s'étaient déjà évaporés ! Qu'est-ce qui avait bien pu l'agiter à ce point ? Ah oui, il était en classe et s'apprêtait à sortir sa trousse et sa règle, comme chaque matin, quand ses doigts avaient effleuré quelque chose d'étrange. Comme si un animal s'était glissé dans son cartable... Un frisson lui avait parcouru la colonne vertébrale et il s'était mis à hurler, provoquant la colère de Monsieur Lesévère, son maître. On peut dire qu'il portait bien son nom celui-là ! C'est à ce moment précis qu'une claque monumentale avait retenti sur sa joue droite, en même temps que le claquement des volets. Était-ce la gifle ou le vacarme qui venait d'interrompre son rêve... ou plutôt son cauchemar ? Difficile de le savoir, mais comment retrouver le sommeil après ça ? Raphaël se frotta la joue où s'était imprimée une horrible sensation de brûlure. *J'comprends pas comment ça peut faire aussi mal, on dirait que ma peau est en feu !*

Un coup d'œil au réveil lui indiqua qu'il était quatre heures. Pas moyen de se lever sans réveiller ses parents avec le parquet qui grinçait. Il décida donc de réviser ses leçons, il avait déjà mal au ventre en pensant au contrôle qui l'attendait à l'école aujourd'hui… Sans parler de la récitation à « interpréter devant la classe », pour reprendre les mots de Monsieur Lesévère. Faire vivre un texte avec le talent d'un acteur, c'était au-dessus des forces de Raphaël, élève plutôt timide, et manquant de confiance en lui. Léna, sa meilleure copine, dotée d'un talent théâtral inné, avait beau lui dire que c'était drôle et qu'il ne risquait rien, sa voix devenait inaudible au moment de réciter. Pire, la récitation s'effaçait de sa mémoire ! Et pour couronner le tout, le maître l'accusait de ne jamais apprendre ses récitations. À chaque fois, le garçon se tapait la honte devant tout le monde.

— Que vas-tu devenir en 6ème l'an prochain ? Tes professeurs n'auront pas ma patience, je peux te l'affirmer ! Quand te mettras-tu au travail, Raphaël Duchemin ? Il s'agit de faire travailler ta mémoire, ce n'est quand même pas sorcier ! Je dois dire que « du chemin », il t'en reste à parcourir, Duchemin ! hurlait le maître, fier de son méchant jeu de mots.

Le jeune garçon rougissait et se mettait à bafouiller de plus belle. Il aurait voulu rentrer sous terre pour échapper au regard moqueur de certains élèves qui n'hésitaient jamais à se ranger du côté du maître, les traîtres ! Malheureusement pour lui, la seule chose qui se volatilisait, c'était le texte de la récitation… Il était toujours honteux d'avoir échoué quand il retournait s'asseoir. Sans compter les jours où Monsieur Lesévère convoquait sa mère pour lui parler de son manque de travail. La tristesse se lisait dans les grands yeux bleus de cette maman affectueuse, inquiète pour l'avenir de son fils. Elle était déçue. Résultat, Raphaël était désespéré de lui faire tant de peine.

— Raphaël ! Debout ! Ton petit-déjeuner est prêt ! s'écria joyeusement mamie Luce, comme chaque matin.

C'était elle qui s'occupait des repas. Laure et Thierry partaient souvent très tôt et ne rentraient jamais avant 20 h 30. Ils ne fermaient l'épicerie qu'une heure, vers 14 heures, et encore… La priorité était de rendre service à la clientèle locale, qui appréciait la disponibilité des jeunes entrepreneurs, et n'hésitait pas à les déranger pendant leur pause s'ils avaient oublié d'acheter une bricole. Se montrer aimable en toutes circonstances était la clé de la réussite dans un petit village, et c'était souvent au détriment de leur vie privée ou de leur tranquillité. Ils considéraient qu'ils n'avaient pas le choix – tout au moins les premières années – d'autant que l'affaire n'était pas encore rentable, il était primordial de fidéliser la clientèle.

— Bonjour Mamie ! dit Raphaël en lui faisant une grosse bise.

Raphaël portait son éternel sweat gris, trop large pour lui, une façon de dissimuler son étroite carrure. Il n'était pas très grand pour son âge et surtout très mince, ce qui le désespérait… Sa grand-mère l'accueillit comme tous les matins avec un « bonjour mon grand » affectueux, sans réaliser qu'elle mettait l'accent sur son complexe.

— Je t'ai préparé ton chocolat et tes tartines. Et surtout, ne t'avise pas de quitter la table sans avoir tout fini ! Il faut prendre des forces à ton âge, j'ai l'impression que tu grandis à vue d'œil ces derniers temps.

J'espère que mamie a raison… J'en ai ras-le-bol d'être un des plus petits de ma classe !

Mamie Luce chouchoutait Raphaël, elle veillait à ce qu'il ne parte jamais à l'école le ventre vide. Assise en face de son petit-fils adoré, elle buvait une grande tasse de café noir, tout en s'assurant que Raphaël mangeait un solide petit-déjeuner. Ce rituel était immuable. Ce matin, il eut bien du mal à finir ses tartines, mais difficile de laisser ne serait-ce qu'une miette de pain grillé avec mamie.

— Dépêche-toi sinon tu vas être en retard, lui dit sa grand-mère en lui donnant une petite tape sur le bras. Et n'oublie pas tes affaires de sport pour cet après-midi ! Mardi dernier, il a fallu que je te coure après pour te les apporter, ce n'est plus de mon âge…

— Oui, mamie. Ne t'inquiète pas, j'ai toutes mes affaires. À ce soir !

Raphaël hésita. Il aurait voulu vérifier qu'aucun animal ne s'était faufilé dans son cartable comme dans son cauchemar, mais sa grand-mère le regardait descendre la rue en direction de l'école. L'inspection du cartable attendrait. En plus, il pleuvait, ce n'était pas le moment d'ouvrir son sac dans la rue ! Il pressa le pas pour se mettre rapidement à l'abri sous le préau. Juste le temps de saluer Léna et Léo avant la sonnerie. Les élèves se rangèrent et montèrent en classe sous le regard vigilant de Monsieur Lesévère qui ne tolérait aucune agitation dans les escaliers.

Pendant que le maître faisait l'appel, les élèves devaient sortir leurs affaires. « Et en silence ! » L'enseignant était réputé pour sa tolérance zéro. Pire, il dépassait les bornes : cet homme qui exigeait le respect de la part de ses élèves était incapable de montrer l'exemple… Toutefois une véritable appréhension empêchait les jeunes de réagir. Même les plus téméraires comme Léo, qui n'avait pas sa langue dans sa poche, ou Léna, qui ne se laissait pas marcher sur les pieds, n'osaient pas répondre aux jeux de mots ou aux allusions de fort mauvais goût.

— Léo Bontemps, qui se la coule douce…
— Présent !

— Bontemps, j'ai dû mal entendre ! rugit le maître de sa voix de stentor.
— Présent, Monsieur !
— Alex Briant, enfin brillant, c'est vite dit !
— Présent, Monsieur !
— Pauline Brun, qui n'a rien trouvé de mieux que d'être blonde !
— Présente, Monsieur !

C'est ainsi que se déroulait l'appel tous les matins. Chacun encaissait tant bien que mal. Sachant qu'ils allaient tous y passer, ils étaient solidaires. Ils n'auraient jamais esquissé l'ombre d'un sourire, ce qui les aurait rendus complices de la maltraitance verbale d'un vieil homme aigri qui passait son temps à regretter ses premières années d'enseignement… Le refrain de Monsieur Lesévère, ils le connaissaient par cœur : « Le niveau n'a jamais été aussi bas ! Vous êtes tous une bande de paresseux au QI d'un ver de terre ! Vous n'arriverez jamais à rien dans la vie ! » Traiter son auditoire de la sorte était un comble à une époque où les enseignants étaient censés motiver leurs élèves par tous les moyens… *Vivement la 6ème !*

Au moment où Raphaël s'emparait de sa trousse, il sentit quelque chose de rugueux sous ses doigts. Quelque chose qu'il n'avait pas mis dans son cartable… Il ne savait pas ce que c'était…

Un frisson lui parcourut le dos…

Chapitre II

En frôlant la chose effrayante et répugnante logée sous sa trousse et ses cahiers, Raphaël parvint à ne pas hurler comme il l'avait fait dans son cauchemar. Il reposa rapidement son cartable par terre, ce n'était pas le moment d'attirer l'attention du maître sur lui… Avec un peu de chance, aujourd'hui il échapperait au supplice de la récitation. C'est Léo qui fut désigné pour commencer « l'épreuve ». Raphaël ne parvenait pas à se concentrer, il se demandait quelle mystérieuse chose avait élu domicile dans son cartable ou encore qui avait pu cacher quoi que ce soit à son insu. C'était incompréhensible ! Il décida qu'il valait mieux attendre d'être seul chez lui pour vérifier ce que c'était… Son cœur battait à tout rompre, ses mains étaient crispées, un léger tremblement s'était emparé de lui, une sueur froide lui glaçait le dos… *Calme-toi. Respire profondément. Pour le moment, tout va bien. Inspire… Expire… Inspire… Expire…*

Les heures lui semblèrent encore plus interminables que d'habitude. Cependant il parvint à dompter son angoisse jusqu'à midi. Après le déjeuner à la cantine, il joua au foot avec Léo, Maxime, Lucas, Hugo, Emma et Dalya, même si le cœur n'y était pas. Il aurait bien voulu parler de son étrange découverte à son amie Léna, mais impossible de partager le moindre secret avec quelqu'un dans cette maudite cour de récréation où l'on ne pouvait se soustraire au regard des autres, et surtout pas aux yeux perçants de Monsieur Lesévère qui observait les élèves comme s'ils étaient systématiquement coupables des actes les plus répréhensibles qui puissent exister !

De retour à la maison, Raphaël s'empressa de goûter sous le regard affectueux de mamie Luce qui lui avait préparé des crêpes.

— On dirait que tu as faim, mon grand ! Ce n'était pas bon le déjeuner de la cantine ? s'inquiéta mamie Luce qui était aux petits soins pour Raphaël, son unique petit-fils.

— Si, ça allait, mais j'adore tes crêpes, expliqua-t-il à la hâte.

Il lui tardait tellement de regarder ce que contenait son cartable qu'il avait avalé cinq crêpes sans prendre le temps de respirer ! D'habitude, il n'était jamais pressé de monter faire ses devoirs dans sa chambre et profitait du goûter et du réconfort que cette pause lui procurait pour différer le moment de se mettre au travail…

— Tu veux encore une crêpe ?

— Non merci, mamie. Elles sont délicieuses, mais je dois garder de la place pour le dîner !

— À tout à l'heure, mon grand. Si tu veux me réciter tes leçons, tu sais où me trouver. Et si je suis occupée à préparer le dîner, ton grand-père se fera un plaisir de t'aider.

— Merci mamie, mais ça ira. On n'a pas trop de leçons pour demain.

Raphaël s'empara de son cartable et grimpa l'escalier quatre à quatre. Il venait certainement de battre son record de vitesse ! Il referma la porte de sa chambre et plaça une grosse pile de livres derrière. Simple précaution au cas où sa mère rentrerait plus tôt de l'épicerie. Cela lui arrivait parfois quand il n'y avait pas trop de clients. Dans ces cas-là, elle s'empressait de monter voir son fils.

Il voulait affronter seul ce moment inédit et angoissant. *Objet mystérieux, toi qui m'as fait cauchemarder cette nuit et toute la journée, à nous deux !* murmura Raphaël pour se donner du courage en ouvrant son cartable. Il était désormais persuadé qu'il ne s'agissait pas d'un animal : aucune bestiole ne serait restée coincée dans un cartable aussi longtemps, sans bouger et sans faire de bruit. Ou alors c'était le cadavre d'un petit animal, mais ce serait une plaisanterie macabre. Raphaël réfléchissait : il n'était pas le garçon le plus populaire de l'école, mais il n'avait pas d'ennemis non plus…

— Allez, à trois je regarde, chuchota-t-il.

Il s'apprêtait à vider le contenu de son cartable sur son lit quand il entendit des pas dans l'escalier. La pile de livres s'écroula d'un coup. Léna se tenait à l'entrée de la chambre, ses grands yeux verts brillaient d'une lueur malicieuse, ses boucles brunes retombaient harmonieusement sur son pull noir et son teint bronzé ne laissait aucun doute sur le nombre d'heures qu'elle passait au grand air. Elle adorait le sport, aucun garçon de la classe n'osait la défier au roller, au skate, ou à VTT ! *Cette fille est une championne et c'est ma meilleure amie. Un vrai kif !* Raphaël se sentait chanceux et aussi très fier que Léna passe une grande partie de son temps libre avec lui.

— Comme on n'a pas beaucoup de devoirs, je venais voir si tu voulais faire une partie d'échecs, demanda en souriant la fillette, d'un ton enjoué.

Tous deux étaient inscrits au club d'échecs du village et s'entraînaient régulièrement ensemble. Ils avaient déjà participé à plusieurs tournois et se classaient souvent parmi les vainqueurs, se disputant la première place.

— C'est super-sympa, Léna, mais je dois encore réviser ma récitation. Tu sais bien que c'est une véritable galère pour moi de mémoriser des textes…

— Oh, dommage ! fit Léna, déçue. T'es sûr que ça va ? J'te trouve bizarre aujourd'hui ! Et tu peux me dire pourquoi t'as mis une pile de livres derrière la porte ?

— Oh ! Pour rien. Enfin si… bafouilla Raphaël. Ma mère m'a demandé de ranger mes étagères.

Il vit immédiatement que Léna ne le croyait pas. D'autant qu'il avait rougi comme une écrevisse ! Son amie le connaissait depuis l'enfance, elle n'allait jamais gober ce mensonge. Le coup du rangement, c'était nul. Léna savait qu'il ne rangeait jamais sa chambre, mais elle n'insista pas…

— Tant pis pour les échecs ! Par contre, je peux te filer un coup de main pour réviser si tu veux. Les amis doivent s'entraider, non ?

Et c'est ainsi que Raphaël se retrouva en train de réciter *Terreur* de Guy de Maupassant, encouragé par Léna, qui lui donnait des tas de conseils. Elle ne supportait plus de voir son meilleur ami souffrir à mort quand il était interrogé par l'horrible Monsieur Lesévère, qui ne manquait pas une occasion de réprimander les élèves en général et Raphaël en particulier… Ce type ténébreux semblait éprouver un malin plaisir à s'en prendre aux élèves les moins rebelles ! Exiger le maximum des élèves était selon cet homme une bonne préparation à l'entrée en 6ème… Peut-être… Mais certainement pas la meilleure façon de s'y prendre avec les élèves réservés.

— Allez Raphaël, reprends encore une fois, c'est nettement mieux, l'encouragea Léna d'un ton chaleureux. Tu vois, tu peux le faire. Lesévère, oublie-le ! C'est rien qu'un pépère qui se donne de grands airs ! Un vieux schnock qui a des œillères ! Un tortionnaire de pacotille !

Voilà, « mon très cher Lesévère », ce que j'ai à vous dire ! déclama Léna en s'étouffant de rire.

À son grand étonnement, Raphaël s'entendit réciter *Terreur* de Guy de Maupassant d'une voix qui ne semblait pas lui appartenir, tant elle était pleine d'assurance :

« Ce soir-là j'avais lu fort longtemps quelque auteur.
Il était bien minuit, et tout à coup j'eus peur.
Peur de quoi ? je ne sais, mais une peur horrible.
Je compris, haletant et frissonnant d'effroi,
Qu'il allait se passer une chose terrible… »

— Eh bien tu vois t'as super-bien mémorisé la récitation !
— Ouais, mais elle me fait froid dans le dos, cette poésie !

Chapitre III

— Au fait, vous ne devinerez jamais ce que m'a raconté un patient au cours de sa séance aujourd'hui ! lança Nathalie Dutilleul en se servant un verre de jus de pomme.

— Vas-y ! Raconte ! s'écria Xavier, son mari, toujours à l'affût d'une idée originale pour les textes des chansons qu'il écrivait.

— D'accord Xav ! Mais à condition que tu mettes la table et que tu sortes la pizza du four quand elle sera prête ! répondit Nathalie du tac au tac en faisant un clin d'œil à sa fille.

Chez les Dutilleul, tout le monde mettait la main à la pâte quand il s'agissait des tâches ménagères. C'était la règle familiale numéro un !

— OK Nath ! Léna, aide-moi s'il te plaît, ça ira plus vite ! *Help me please ! Help me ! Je suis le best cook in the world !* se mit à chanter Xavier à tue-tête.

— Papa, arrête de chanter ! Je veux écouter maman ! l'interrompit Léna qui parlait souvent d'égal à égal avec ses parents.

— Vas-y, ma chérie. Nous t'écoutons, dit Xavier en se tournant vers sa femme et en faisant une drôle de petite révérence qui la fit sourire. Il savait comment s'y prendre pour la faire fondre !

— Arrête papa, on dirait que tu prends mum pour la reine d'Angleterre ! Allez, on se calme et on écoute, décréta Léna en rigolant.

— Eh bien, l'individu en question me parlait de choses et d'autres quand d'un seul coup, il est entré – selon lui – en communication avec Elvis Presley ! J'aurais voulu que vous puissiez voir le spectacle, c'était hilarant : il a pris un stylo sur mon bureau et s'est mis à enchaîner les tubes d'Elvis en se contorsionnant, il s'est même roulé par terre… Soudain, il s'est redressé et sa voix a pris une intonation différente… Il m'a demandé de noter ce que disait le King. Il levait les yeux vers le plafond d'un air déférent et surveillait ce que j'écrivais… Je n'avais pas intérêt à oublier un mot !

— Et c'était quoi le message d'Elvis ?

— Vous savez que la confidentialité m'interdit d'entrer dans les détails, mais quelque chose comme « Les fans d'Elvis doivent se donner la main pour transmettre la paix et faire le bien sur la terre dès demain ! Le King veille sur eux avec toute sa bienveillance, et bla-bla-bla et bla-bla-bla… » Enfin, tout un programme, si vous voyez ce que je veux dire !

Au clin d'œil de la psy et à son fou rire retenu, il était aisé de comprendre à quel point elle restait distante de ce genre de comportement ! D'ailleurs, il le fallait bien, sinon elle aurait été beaucoup trop affectée par tous les problèmes des gens qui la consultaient ! Question d'équilibre !

— Génial, un Elvis version gourou *Peace and Love*, je crois que ça me donne une idée ! s'écria Xavier enthousiaste en tourbillonnant avec la pizza quatre saisons qu'il venait de sortir du four.

Chez Léna, la conversation allait toujours bon train pendant le dîner : les Dutilleul avaient tendance à parler tous à la fois. Nathalie, la mère de Léna, avait besoin de s'exprimer après avoir passé des heures enfermée dans son cabinet à écouter certains patients lui raconter des épisodes de leur vie, au mieux déjantée, au pire sordide… Elle avait donc besoin de se changer les idées quand elle était chez elle ! Xav, le père de Léna, passait tout son temps libre à composer de la musique. Il était bassiste et répétait souvent dans le garage avec son groupe, *Les Satellites de Feu*. Il aimait demander aux femmes de sa vie des idées pour composer de nouvelles chansons. Léna s'étonnait du succès remporté par les suggestions qu'elle soufflait à son père. Parfois, la facétieuse jeune fille, s'amusait à lancer n'importe quelle idée qui lui traversait la tête. Du coup, elle était devenue très créative, au grand dam de Monsieur Lesévère qui détestait que les élèves fassent preuve de trop d'imagination… Avec un tel maître, il ne fallait pas s'éloigner des sentiers battus ! Tout le monde devait rester dans les clous ! *Si seulement j'avais les pouvoirs magiques d'Oksa Pollock, Lesévère n'aurait qu'à bien se tenir ! Comment je lui en mettrais, moi, des clous dans ses chaussures, si je pouvais !* Ce mauvais sort que Léna aurait aimé jeter à Lesévère et dont elle avait parlé avec son père était devenu la chanson phare du moment des *Satellites de Feu* !

« *Moi j'te jette, jette un sort…*
Moi j'te jette, jette un sort… »

*
* *

Après le dîner, Raphaël aida sa grand-mère à desservir la table, comme chaque soir. Il était pressé de se retrouver seul dans sa chambre pour enfin découvrir ce que contenait son cartable. Mamie Luce n'avait jamais voulu entendre parler d'un lave-vaisselle, elle disait que ça consommait trop d'énergie et que ça mettait trop de temps ! L'organisation était la suivante : mamie était à la plonge et Raphaël essuyait la vaisselle. Papi lisait le journal, Laure et Thierry se détendaient un peu.

Deux bâillements bien appuyés pendant ce petit rituel et le tour serait joué. La réaction de sa mère ne se fit pas attendre :

— On dirait que tu es fatigué, Raphaël, dit Laure en entendant son fils bâiller à s'en décrocher les mâchoires.

— File dans ta chambre, reprit Thierry, et je te conseille de dormir sans tarder. Tu es en CM2, ce n'est pas le moment de somnoler en classe !

C'était exactement ce que Raphaël espérait. Les adultes étaient tellement prévisibles ! Il monta l'escalier quatre à quatre pour la deuxième fois de la journée. *Enfin seul ! Et cette fois-ci, je ne serai interrompu par personne. Léna est chez elle et ne ressortira pas pour venir me voir, mes parents regardent leur série préférée et mes grands-parents se couchent comme les poules !*

— À nous deux, s'écria Raphaël en fixant son cartable. Aucun risque que ses parents l'entendent, le salon était au rez-de-chaussée et à l'opposé de sa chambre. Quelques vers du poème de Maupassant tourbillonnaient encore dans sa tête au moment où il souleva le rabat, le cœur battant :

« *Peur de quoi ? je ne sais, mais une peur horrible.*
  Je compris, haletant et frissonnant d'effroi,
  Qu'il allait se passer une chose terrible... »

Ce n'était pourtant pas le moment d'avoir la trouille. Raphaël songea qu'il aurait peut-être dû mettre Léna dans la confidence et découvrir avec elle « la chose mystérieuse » qui avait élu domicile au milieu de ses cahiers et de ses livres. Tant pis, il était trop tard. À présent, il était seul… avec ce truc énigmatique qu'il devait extirper de sa cachette… *Advienne que pourra !* Il avait pris soin de récupérer des gants en latex dans la boîte à pharmacie familiale, se disant que l'épreuve serait peut-être moins effrayante si sa peau n'était pas en contact direct avec « la chose ».

Il jeta un coup d'œil prudent dans son cartable mais ne vit rien de spécial. Il plongea donc courageusement la main sous ses livres et en ressortit un vieux carnet protégé par une épaisse couverture de cuir noir. Malgré le latex il pouvait sentir la rugosité de la couverture tant elle était abîmée. En la frôlant de ses doigts gantés, il se souvint qu'il avait déjà vécu ce moment et comprit que c'était exactement la même sensation que la nuit précédente, juste avant de se réveiller en sursaut. Bizarrement il ne savait pas s'il devait se débarrasser de ce carnet sans prendre connaissance de son contenu ou l'ouvrir après en avoir parlé à sa famille ou encore à Léna… Il avait un étrange pressentiment, comme si le fait d'ouvrir ce vieux carnet allait changer le cours de sa vie.

Ne sachant que faire, il remit l'objet au fond de son cartable, jeta les gants, et décida de tirer à pile ou face. Il sortit le coffret en chêne sculpté qui contenait sa précieuse collection de pièces en argent. Le couvercle était orné d'une petite épée en laiton. Il afficha le code chiffré qui lui permettait de déverrouiller le cadenas, souleva le couvercle et, sans hésiter, choisit la pièce du *Petit Prince Funambule*. On voit le Petit Prince qui marche sur une corde entre deux tours de La Rochelle, comme l'avait fait avant lui un couple de fil-de-féristes. En se renseignant sur chacune des pièces de sa collection, il avait appris qu'en 1959, les deux funambules en question, avaient décidé de s'unir sur un câble tendu à trente mètres de hauteur. *Deux personnes qui ne manquaient pas de courage !* songea le garçon. Ce n'était donc pas étonnant qu'il ait sélectionné cette pièce-là.

Raphaël avait l'intuition profonde que le vieux carnet contenait des informations qui pourraient bien le faire basculer dans le vide s'il se mettait à le feuilleter. Sans comprendre pourquoi, il se sentait lui aussi en équilibre sur un fil, courant les mêmes risques qu'un funambule. Néanmoins l'attraction que cet objet du passé exerçait sur lui était indéniable. Impossible de s'en débarrasser sans avoir pris connaissance du contenu.

— Pile, j'en parle à quelqu'un. Face, je l'ouvre tout de suite, murmura-t-il en se concentrant avant de lancer la pièce qui tourbillonna avant de retomber dans sa main.

Eh bien voilà, je suis fixé sur la marche à suivre, songea-t-il tandis que son téléphone sonnait. Les premières notes de *Count On Me* de Bruno Mars retentirent, aucun doute possible sur l'identité de la personne qui cherchait à le joindre. C'était Léna qui l'appelait pour lui demander quel résultat il avait trouvé au problème de maths. Ils avaient pris l'habitude de travailler en binôme depuis longtemps. Revenir ensemble sur les exercices faits individuellement était un bon moyen de repérer les erreurs, se réciter les leçons permettait de mieux les mémoriser. Ni l'un ni l'autre n'avaient des parents disponibles au moment des devoirs.

Chapitre IV

Léna connaissait trop bien Raphaël, pour ne pas immédiatement sentir son malaise :
— Qu'est-ce que tu as ? Tu vas bien ? Tu sembles totalement ailleurs…
— Oui… Non… Tout va bien, mais… Euh… parvint à bafouiller Raphaël, la gorge nouée.
Tout se bousculait bien trop vite dans sa tête. Il n'avait pas eu le temps de se préparer à cette conversation, le téléphone avait sonné au moment où la pièce lui avait indiqué quelle option choisir entre se taire ou parler de sa découverte à une personne digne de confiance. Puisque c'était face, Léna était la meilleure personne à mettre dans la confidence. Oui, mais comment expliquer une chose à laquelle on ne comprend rien ? Et si jamais elle le prenait pour un mytho ? Ou alors un froussard ? *Allez, courage ! Léna est ta meilleure amie, elle te fait confiance, elle te croira…* « Vas-y ! » lui souffla une petite voix intérieure.
— C'est que… C'est trop chelou… J'ai trouvé un objet étrange dans mon cartable, j'sais pas comment il est arrivé là ni c'que ça signifie… Mais je crois que dans un rêve prémonitoire je faisais exactement la même découverte… Et voilà que ça se produit… Euh… C'est carrément flippant, j'me pose plein de questions…

— Attends, Raphie. Pas si vite ! J'y comprends rien... C'est quoi cet objet chelou ? demanda Léna, intriguée.

— Un vieux carnet. Il est fermé par une lanière qui entoure une couverture en cuir tout usé. Quand tu le touches sans savoir ce que c'est, c'est répugnant... J'avais l'impression de poser mes doigts sur je ne sais quel animal crevé, confia Raphaël en frissonnant rétrospectivement. Ce carnet semble si ancien... Je l'ai jamais vu chez moi, c'est sûr... Ni à l'école... ni ailleurs.

— Quelqu'un aura voulu te jouer un mauvais tour ! Pas besoin de réfléchir longtemps pour savoir qui est capable de faire ce genre de chose ! Je peux te donner des noms !

— Pas la peine, Léna... Je sens que c'est pas ça, soupira Raphaël, anxieux.

— Ben, c'est quoi, alors ? le pressa Léna qui percevait à quel point son ami était troublé.

— Aucune idée, mais je me sens tout bizarre...

— Bon, qu'est-ce qu'il y a dans ce carnet ? s'impatienta la jeune fille.

— Je sais pas, j'ai pas encore osé regarder... C'est trop angoissant : j'ai un terrible pressentiment, Léna, tu peux pas savoir ! J'ai jamais ressenti un tel poids sur la poitrine, un poids écrasant, j'te jure ! C'est délirant : dès que je pose la main sur la couverture du carnet, ma cage thoracique se serre comme si des tenailles se refermaient sur mon thorax et je me mets à suffoquer !

— Raphie, ça c'est typique du stress. Avec une mère psy, crois-moi, j'en connais un rayon. On va pas se mentir, t'es pas un modèle de zénitude ! Attention ! Ne te méprends pas, c'est pas un reproche. J'essaie juste de te dire que cette sensation quand tu as passé ta main par hasard sur cette vieille couverture rugueuse a fait ressurgir une peur enfouie en toi. Ouh là ! Voilà que je parle comme ma mère ! Elle te dirait que c'est l'anxiété qui a fait le reste ! Tu te rends bien compte qu'un objet de cuir et de papier ne peut pas te couper la respiration, c'est ton cerveau qui te joue des tours.

— Je sais pas quoi en penser. Je t'assure, c'est d'une puissance pas possible…

— Écoute, d'accord… Calme-toi ! Respire doucement et profondément. Inspire… Expire… Inspire… Expire… Inspire… Expire… Inspire… Expire… Ça va mieux ?

— Oui. Enfin, je crois…

— Bon, alors maintenant, tant qu'on parle, tu vas sortir le carnet et l'ouvrir.

Léna avait toujours su moduler les angoisses de son ami, généralement liées à l'école, à sa peur de l'échec et à son manque de confiance en lui. Cette fois encore, ses mots donnèrent du baume au cœur à Raphaël.

— D'accord, je vais chercher mon cartable, déclara-t-il d'un ton décidé.

Le garçon s'assit à son bureau et entreprit de recommencer la manœuvre… Léna était au bout du fil, c'était rassurant. Il enchaîna les gestes en retenant sa respiration : glisser la main au fond du compartiment, sous la trousse, sous les livres… C'est bon, il y était presque. Mais dès que ses doigts effleurèrent le vieux cuir râpé, un éclair l'éblouit ! Une lumière si forte qu'elle en était insoutenable le frappa de plein fouet… Et immédiatement cette sensation d'asphyxie…

Tiens bon ! Ne le lâche pas ! Tu vas déjouer ce stress stupide… s'ordonna-t-il mentalement en essayant de trouver de l'air.

Un second éclair aveugla totalement Raphaël… Plus rien ne s'imprimait sur sa rétine… Que du blanc… Tout était blanc… partout… et soudain un cri… ou plutôt un hurlement qui déchira les tympans de Léna tandis que le jeune garçon tombait de sa chaise de bureau.

— Allô, Raphie, qu'est-ce qui s'est passé ? C'était quoi ce bruit ? Quelque chose est tombé ? Allô ? Raphie, réponds-moi, c'est pas drôle, là !

Raphaël gisait sur le sol, complètement sonné. Quelques minutes s'écoulèrent. Quand il parvint à ouvrir les yeux, il se rendit compte que sa vision semblait correcte. Il s'assura qu'un orage n'avait pas éclaté pendant qu'il tentait d'extraire le carnet de son cartable. Le vent s'était levé et les volets battaient. Aucun éclair à l'horizon... Le cartable ouvert était couché sur le tapis, à moitié vidé par la chute. Son téléphone était tombé à côté, par miracle, l'écran n'avait pas l'air brisé.

Sortir trois mots pour expliquer à Léna ce qui venait de se passer fut si éprouvant pour Raphaël qu'elle comprit immédiatement à l'intonation saccadée de son ami qu'il avait fait un genre de malaise...

— Raphie, je ne comprends pas grand-chose, mais c'est clair qu'il y a un souci. Laisse le carnet dans ton sac, ne le touche pas... On verra demain, on trouvera un moment à la récré ou après l'école. Promets-moi... Ne recommence pas tout seul ! Tu m'as fichu une de ces frousses ! C'est bon ? C'est d'accord ?

— OK, Léna. Je... Je crois que j'ai besoin de me reposer. À demain !

— À demain, Raphie !

Chapitre V

L'heure qui suivit ne fut pas de tout repos, ce fut même une véritable épreuve pour les nerfs du jeune garçon. À peine avait-il raccroché qu'il sombra dans un sommeil très lourd mais très bref. Le rêve obsédant apparut immédiatement : il se voyait plonger la main dans son cartable, soulever les livres et les cahiers, attraper le carnet, le sortir... Mais à l'instant précis où il tentait de dénouer la lanière qui le maintenait fermé, un hurlement strident retentit et lui perça les tympans... L'insupportable douleur le réveilla sur-le-champ. Au moment où il ouvrit les yeux, il aurait juré avoir entendu autre chose en arrière-plan...

Son cœur battait la chamade tandis qu'il tentait d'analyser la situation. *Que se passe-t-il ? Suis-je en train de devenir fou ? D'où vient ce hurlement ? Et là... Ces autres bruits... On aurait dit... Oui, on aurait dit des cris de bébé ! Tout ça n'a aucun sens ! Je suis prisonnier d'un cauchemar... Au secours ! Il faut que je sorte de cette galère !!!*

Comme il n'avait pas eu le temps de faire sa toilette ou même de mettre son pyjama, Raphaël décida qu'une bonne douche l'aiderait à relâcher les tensions de son corps et à se vider la tête. Il n'était que 22 h 00. Néanmoins si ses parents lui posaient des questions, il dirait qu'il avait oublié de finir son exercice de français et avait dû s'y remettre avant de dormir. Sachant à quel point Monsieur Lesévère avait la main lourde sur les punitions, ses parents ne le gronderaient pas.

L'effet relaxant de la douche fut bien éphémère : une fois dans son lit, dès qu'il tentait de fermer les yeux, des bruits insupportables accompagnés d'images difformes lui revenaient en pleine figure, comme un boomerang… Chaque fois avec une violence à laquelle il n'avait jamais été confronté auparavant. Lui qui jusqu'à récemment aurait juré qu'il ne faisait ni rêves ni cauchemars… Lui qui pensait que son sommeil était synonyme de paix, de quiétude… C'était à croire que le célèbre tableau d'Edvard Munch, *Le Cri*, avait pris possession de son esprit. Un véritable supplice ! À se taper la tête contre les murs ! *Léna rigolerait bien si je lui racontais à quel point ce tableau me met mal à l'aise,* se dit-il en pensant au jour où son amie lui avait montré ses peintures préférées, dans le gros livre qu'elle avait apporté à l'école, pour son exposé. *Quand je pense qu'elle, elle kiffe ce genre de peinture !*

*
* *

Après cette nuit blanche, il se sentait épuisé et plein de courbatures, comme s'il était passé sous un rouleau compresseur qui aurait roulé en avant, en arrière, en avant, en arrière et ainsi de suite, histoire de s'assurer que son corps était bel et bien disloqué.

Comment vais-je bien pouvoir tenir toute la journée à l'école ? J'y arriverai jamais ! À tous les coups, Lesévère va remarquer à quel point je suis à l'ouest… Déjà qu'il peut pas m'encadrer, ça promet… Allez ! Un peu de nerf, bon sang ! Maman peut faire son travail à l'épicerie même sans avoir pas fermé l'œil de la nuit ! Je dois y arriver ! Je vais y arriver ! Le garçon cherchait avant tout à se convaincre, c'était vital ! Il accompagna ses pensées de petites claques sur les joues, histoire de se donner meilleure mine.

Il s'habilla à grand-peine et descendit rejoindre sa grand-mère qui l'attendait pour le petit-déjeuner.

Au milieu de l'escalier, il croisa Pichu qu'il faillit envoyer valser comme un ballon de foot : il ne l'avait pas vu !

— Oh, pardon mon Pichu ! J'ai pas les yeux en face des trous aujourd'hui ! Excuse-moi ! Je t'ai pas fait mal ?

Il voulut attraper le chat, d'ordinaire si placide et si facile à approcher... Mais là, le félin, sans doute échaudé par le malencontreux coup de pied qu'il venait de recevoir, se retourna et fit mine de le griffer en lui soufflant dessus pour montrer qu'il n'était pas du tout enclin à un quelconque rapprochement et que ce n'était pas la peine d'essayer de le caresser. Les poils du chat étaient hérissés d'indignation. Il n'avait jamais réagi comme ça avec lui, Raphaël fut totalement décontenancé :

— Pardon Pichu, vraiment ! Je vois que je t'ai fâché ! Allez, arrête de faire la tête !

Raphaël voulut s'asseoir sur une marche et prendre Pichu dans ses bras. Ce dernier, les poils de la colonne vertébrale encore dressés, s'aplatit en voyant sa main approcher, prêt à bondir, toutes griffes dehors... à grand renfort de soufflements menaçants.

Le chat avait visiblement un problème, il réagissait comme s'il était en danger... Raphaël ne réussit pas à le calmer et n'essaya plus de le toucher. Il resta perplexe un moment, tandis que le matou filait à l'étage comme s'il avait une meute de chiens aux trousses ! *Mais quelle mouche a bien pu le piquer ? Je suis certain de ne pas lui avoir fait mal...* Il n'eut pas le temps de prolonger ses réflexions sur le comportement insolite du félin... Sa grand-mère, qui surveillait méticuleusement l'horloge, comme chaque matin, l'appelait déjà, inquiète de ne pas le voir arriver. Et comme à son habitude, pour être certaine d'être bien entendue, elle faisait tinter la petite cloche de porcelaine, cadeau de Raphaël pour sa fête, deux ans auparavant, et dont il s'était vite mordu les doigts en réalisant l'usage qu'elle en faisait !

Au fur et à mesure qu'il s'approchait de la cuisine, il se rendit compte que les effluves qui d'ordinaire enchantaient ses papilles – des parfums suaves de pain grillé et de chocolat au lait brûlant – saturaient ses narines ce matin : sa gorge se resserrait de plus en plus, ses tempes battaient comme si on les avait subitement transformées en cymbales... Tout ce bruit dans sa tête... Il sentait le malaise croître de seconde en seconde.

— Oh là là ! Qu'est-ce que c'est que cette tête, Raphaël ? Tu as une mine à faire peur ! s'écria sa grand-mère, affolée. Regarde-moi ces paupières gonflées et tombantes ! On dirait que tu t'es battu avec des fantômes pendant la nuit et qu'ils ont gagné !!! Je t'assure... tu as vraiment une mine de papier mâché !

Voilà, j'aurais parié qu'elle allait me sortir cette expression... Comme si j'y pouvais quelque chose à ma mauvaise mine ! Elle se rend pas compte, mais c'est vexant...

— Merci mamie, ça fait toujours plaisir d'entendre ça le matin au petit-déjeuner ! En fait, j'ai mal dormi... mais ça va aller, ne t'inquiète pas.

— Mange bien avant de partir, ça va te donner des forces et tu en as bien besoin à ce que je vois !

N'osant avouer qu'il n'avait pas faim du tout, de peur d'avoir des explications à fournir, il se força à enfourner deux grandes tartines au beurre et à la confiture, comme d'habitude. Il eut toutes les peines du monde à avaler son bol de chocolat chaud et faillit vomir tellement son estomac était noué !

Sur le chemin de l'école, il ne cessa de se répéter : *pas de mouvements brusques ou tu vas gerber ! Une vraie gueule de bois, ça doit pas être pire !* L'air frais contribua à faire passer le malaise. Raphaël avait déjà repris des couleurs lorsqu'il fut rejoint par Léna à la grille. Comme chaque matin, Monsieur Lesévère, fidèle au poste, veillait à ce que les écouteurs quittent toutes les oreilles sans exception et à ce que les téléphones éteints disparaissent dans les cartables. Gare aux fraudeurs !

Chapitre VI

— J'ai cru que cette journée ne se terminerait jamais ! s'exclama Léna en franchissant le portail de l'école aux côtés de Raphaël, un peu après 16 h 30. Où peut-on aller pour ne pas être dérangés ?

— Mamie m'attend pour le goûter, je vais lui dire que t'es avec moi pour bosser les maths. Après les crêpes, on ira dans la pièce du fond.

— Quelle pièce du fond ?

— Chez moi, tu sais que la maison est immense… Eh bien, au bout du grenier, il y a une pièce où personne ne va jamais. Je l'ai découverte par hasard derrière des piles de vieilleries entassées dans le grenier depuis Mathusalem. Et quand j'ai demandé à mamie ce que c'était que cet endroit, elle m'a répondu d'un ton glacial : « On ne va pas dans cette pièce, le plancher n'est pas solide… Personne n'y va ! Tu m'entends bien Raphaël ? Personne ! Je ne plaisante pas. Cette pièce, tu l'oublies, sinon tu auras affaire à moi ! ». Mais moi, j'ai évidemment pas oublié l'existence de ce recoin. Du coup, je pense qu'on y sera tranquilles.

— Et si ta grand-mère montait et nous découvrait là-haut, elle serait furieuse, non ?

— Alors là, ça risque pas ! Ma pauvre mamie a tellement de rhumatismes qu'elle ne peut plus monter les escaliers depuis *belle lurette*, comme elle n'arrête pas de le répéter à qui veut l'entendre ! C'est pour ça que mes grands-parents habitent au rez-de-chaussée. Quand elle veut que je vienne, elle fait retentir une cloche qui résonne dans toute la maison. Et j'ai intérêt à descendre *illico presto*, comme dirait mon grand-père !

— J'adore les expressions que tes grands-parents emploient ! Un jour il faudra qu'on s'amuse à en faire une liste. On pourra toujours les recaser en expression écrite, ça devrait plaire au maître… Vieux comme il est, ça lui rappellera sa jeunesse !

— On peut dire que tu ne recules devant rien pour gratter des points supplémentaires.

— Ben j'vais m'gêner ! Mais tu m'connais : c'est pas que pour ça… Si on peut se moquer de lui sans en avoir l'air… faut pas hésiter !

*
* *

— T'es sûr de vouloir entrer dans cette pièce ? demanda Léna, d'une voix incertaine. Pour moi, cette montagne d'objets dignes d'un vide-grenier juste devant la porte, c'est une façon de la maintenir à l'abri des regards, non ? D'ailleurs ta grand-mère t'a interdit d'y aller, ou j'me trompe ?

— Les interdictions, surtout lorsqu'elles sont bizarres comme celle-ci…

— Oui, comme je dis toujours, les interdictions nous incitent à ne pas respecter les règles. Mais c'est normalement plus ma philosophie que la tienne, non ? Tu me surprends, tu sais !

— Eh bien, ravi de l'entendre ! J'en ai plus que marre d'être le garçon docile et obéissant qui n'ose contredire personne. D'ailleurs, je vois pas pourquoi on voudrait cacher le fond du grenier, ni à qui. Et puis t'inquiète, c'est sûrement parce que c'est l'endroit le plus délabré de la maison qu'il est interdit. Il suffit de ne pas aller sous la lucarne ni dans le coin à gauche : on voit bien que le plancher est prêt à céder.

Léna suivit Raphaël qui avait dû pousser de toutes ses forces pour entrouvrir la petite porte sombre. Cette pièce n'était pas chauffée et le bois avait dû gonfler sous l'effet de l'humidité. En plus, les gonds étaient grippés.

— Dis donc c'est le paradis des araignées ici !

— Et pas que… C'est aussi le refuge des rats et des souris, précisa Raphaël, en guettant la réaction de Léna. Mais son amie n'était pas le genre de fille à se laisser impressionner. Il fit un flop avec sa remarque… Léna ne recula pas d'un pas !

— Tu crois qu'elle servait à quoi cette pièce ? poursuivit-elle en entrant.

— Je sais pas… à rien de spécial, je pense. C'est juste le bout du grenier. Regarde, tu vois ces lattes de plancher disjointes, surtout tu restes assez loin ! Pas besoin d'être menuisier pour comprendre que le bois est vermoulu…

Raphaël s'assit en tailleur au milieu de la pièce et ouvrit son cartable.

— J'y vais ! clama-t-il pour se donner du courage sous le regard attentif de Léna.

Sa main se fraya un chemin entre les livres et les cahiers, les battements de son cœur s'accélérèrent au moment où ses doigts serrèrent la couverture du carnet et le sortirent d'un geste brusque.

— Le voilààààà !!!

Il n'avait pas eu le temps de finir sa phrase qu'un cri aigu sortit du plus profond de son corps.

— Non mais Raphie, ça va pas ? Tu veux me faire avoir une crise cardiaque ou quoi ? Pourquoi t'as crié comme ça ?

— Je… Je… sais pas… C'est pas moi !

— Ben si, c'est toi ! Qu'est-ce que tu me racontes ? Je t'ai entendu hurler ! Là, c'est pas drôle, je t'assure ! Tu me fiches carrément la trouille !

— J'te jure Léna… Le cri est sorti de moi, mais pas par moi… Ce n'était pas moi. D'accord, c'était ma voix, mais c'était comme si quelqu'un se servait de mon corps !!! Et le bébé, tu l'as entendu ?

— Quel bébé ? Mais enfin de quoi tu parles ? Tu délires grave, Raphie !

Après qu'il eut raconté à son amie, avec ses mots à lui, ce qu'il ressentait et entendait à chaque fois qu'il touchait le carnet, Léna conclut :

— Aussi incroyable que ça puisse paraître, je crois que ce carnet te met en contact avec un « esprit » et que c'est « cette personne » qui hurle au travers de toi sans que tu en aies conscience. Mais j'te jure, les sons que j'ai entendus sont bien sortis de ta bouche. Ce que toi tu entends, moi, je le perçois pas…

— Léna, j'ai la trouille ! Qu'est-ce que ça veut dire ? Tu crois aux esprits, toi ?

— Pourquoi pas ? Cela me semble la seule explication possible : j'ignore comment ce carnet est arrivé là, mais c'est pas un hasard ! Tu m'as dit l'avoir saisi avec des gants la première fois, et tu n'as pas autant souffert. Là, c'est moi qui vais l'ouvrir. Si je me trompe pas, je devrais pas sentir les mêmes choses que toi.

Léna prit donc le carnet, sans aucune difficulté, le retourna dans tous les sens, l'inspecta et entreprit de dénouer l'attache très serrée qui l'entourait. La patience finit par payer, ses doigts fins réussirent à venir à bout de tous les nœuds... Et rien de particulier ne se produisit. Elle tourna la couverture avec précaution... Des pages jaunies apparurent, garnies de notes diverses. Une écriture soignée, avec de jolies boucles autour des majuscules, avec des pleins et des déliés, comme mamie avait appris à le faire à l'école, songea Raphaël.

— On dirait des poèmes, dit Léna, et pas mal de choses qui doivent être des souvenirs sont stockées là-dedans. Regarde, une fleur séchée...

Ton premier bouquet,
le plus beau de tous les bouquets...
De petites fleurs des champs

Ça s'adresse à quelqu'un. Dis donc, c'est un peu comme un carnet intime, j'aime pas trop fouiller, ça me met mal à l'aise...

— S'il te plaît Léna, continue ! J'ai besoin de savoir ! Il faut qu'on trouve des indices pour comprendre le rapport avec moi.

— Bon d'accord, c'est bien parce que c'est toi ! Alors... Là, nous avons encore des poèmes... Là, un morceau de tissu est agrafé... On a aussi des dates, mais y'a pas de mois ni d'année, ça ressemble à des rendez-vous :

Samedi 7, 15 h.
Lundi 9, 17 h 30 derrière l'église
Mercredi 11, 16 h. près du vieux lavoir
Jeudi 12, 11 h. Grange aux Hirondelles
Vendredi 13, 14 h. Chemin des Grives, Le Grand Tilleul...

— Waouh ! Impressionnant ! Il y en a des pages entières ! s'exclama Raphaël éberlué.

— Oui, je suis sûre que ce sont des rendez-vous.

— Continue, tourne les pages ! Ah, regarde ! Quelque chose vient de tomber… Une photo !

— Attends, Raphie ! C'est moi qui vais la ramasser ! C'est une fille, ou plutôt une jeune femme. Elle est très belle ! Je sais pas trop quel âge elle peut avoir… C'est drôle, je trouve qu'elle ressemble à ta mère : le port de la tête, la bouche et même les sourcils…

— Moi, j'trouve pas ! s'empressa de dire Raphaël qui, habitué à voir sa mère, bientôt la quarantaine, harassée par ses nombreuses heures de travail, ne parvenait pas à repérer un quelconque point commun avec la jeune fille de la photo. Mais il se sentit de nouveau mal à la vue de ce visage inconnu. Sa respiration devint saccadée, il cherchait l'air… Ses oreilles bourdonnaient… Et derrière les bourdonnements, ce qu'il entendait, c'étaient des cris de bébé, qui se firent de plus en plus insistants.

— Arrête Léna ! Ça recommence ! C'est insupportable, gémit Raphaël en se tenant la tête des deux mains. Je peux pas continuer ! Ma tête va exploser !

— Très bien, Raphie ! On arrête. Ça suffit pour aujourd'hui, mais je crois savoir qui pourrait nous aider.

— Qui ça ?

— Tu connais la vieille Geneviève qui est souvent assise sur le banc du vieux lavoir ?

— La vieille sorcière tout de noir vêtue ? Non, je lui ai jamais parlé… Elle me fout la trouille ! Tu la connais, toi ?

— J'ai échangé deux mots avec elle un jour. Des enfants lui avaient jeté des boulettes en papier à la figure, et j'ai trouvé ça tellement crétin ! J'ai voulu vérifier qu'elle allait bien… Elle m'a paru très gentille et pas « sorcière » du tout. Je pense qu'elle peut nous aider, il paraît qu'elle parle aux esprits.

— Carrément flippant, si tu veux mon avis ! précisa Raphaël qui avait désormais une mine de papier mâché…

— Si tu veux, on essaiera de la trouver demain soir et on lui expliquera ce qui t'arrive…

— J'avoue que j'ai pas de meilleure idée, soupira Raphaël. Mais laisse-moi le temps d'y réfléchir ce soir. Je t'enverrai un SMS pour te donner ma réponse.

Il ne voulait prendre aucune décision de cette importance sans tirer à pile ou face avec l'une de ses pièces fétiches.

— Pitié ! Sortons de ce grenier… La poussière… J'en peux plus ! gémit Raphaël, pris d'une horrible quinte de toux.

*
* *

— *Pile : essayer d'oublier tout ça au plus vite !*
— *Face : aller voir la sorcière, mais en faisant hyper-gaffe !*

Chapitre VII

En arrivant aux abords de l'ancien lavoir, en contrebas du village, les enfants repérèrent immédiatement celle qu'ils cherchaient, assise sur le vieux banc de pierre, le dos voûté, les mains l'une sur l'autre en appui sur une canne en bois dotée d'une étrange poignée surmontée d'une grenouille dorée. Elle semblait scruter quelque chose dans le bassin du lavoir, mais aucun des deux enfants ne remarqua rien de spécial, si ce n'est vingt à trente centimètres d'eau stagnante…

Pour une obscure raison, les enfants n'osaient pas trop s'approcher. Ils hésitèrent quelques minutes : la silhouette de la vieille femme qui se détachait en contre-jour les impressionnait. Ils avaient entendu dire qu'elle avait au moins cent ans. À cet âge-là, on doit être sourd et fragile… Ils optèrent donc pour une arrivée de face afin de ne pas lui faire peur.

— Où allez-vous ? Vous partez déjà ? demanda la vieille dame, d'une voix rocailleuse.

— Quand je pense qu'on voulait éviter de la surprendre ! murmura Léna.

— Vous ne risquez pas de me surprendre, je vous attendais ! rétorqua-t-elle.

Raphaël se figea : *comment pouvait-elle les attendre ?* Incapable de bouger ou de prononcer un mot, il laissa Léna s'avancer et faire poliment les présentations.

— Bonjour, Madame ! Je ne sais pas si vous vous souvenez de moi, je…

— Mais bien sûr que je me souviens de toi, ma petite Léna. Mon corps a subi le poids des années, mais ma mémoire est intacte.

Elle leva la tête et plongea les yeux dans ceux de Raphaël. Des yeux incroyablement clairs et perçants pour une personne de son âge : un regard difficile à soutenir, qui vous transperçait comme un rayon X.

— Je t'attendais, toi ! Je vois que tu as reçu mon message.

Raphaël était toujours paralysé. Il se creusait les méninges… *M'aurait-elle envoyé un SMS ? Non, ridicule, elle n'a probablement pas de portable ! Mamie Luce, qui est pourtant bien plus jeune, n'a jamais réussi à en envoyer un, et c'est pas faute de lui avoir montré comment faire. C'est limite si elle sait lire ceux qu'elle reçoit.*

— De quel message parlez-vous ? Nous venons vous demander conseil, c'est tout, intervint Léna, qui sentant à quel point Raphaël était désorienté, voulait lui venir en aide.

— Mes enfants, vous êtes là parce que je vous ai guidés jusqu'à moi. C'est aussi simple que ça. Et je l'ai fait pour rendre service, parce qu'on me l'a demandé… confia la centenaire en levant les yeux vers le ciel et en caressant trois fois la tête de la grenouille dorée sur sa canne.

Les deux jeunes échangèrent un regard où se mêlaient incompréhension, inquiétude, méfiance et confusion… Que se passait-il ? La situation semblait leur échapper…

— Si tu ne détends pas ton plexus solaire pour faire entrer un peu d'air dans tes poumons, je te jure que tu ne vas pas tarder à t'évanouir ! avertit-elle, en lançant un regard insistant à Raphaël, qui était en apnée depuis son arrivée au vieux lavoir.

Trop tard ! De minuscules points lumineux tournoyaient déjà autour de lui, tout se mit à s'assombrir et ses jambes vacillèrent d'un coup, molles comme de la guimauve... Et patatras ! Son corps s'affaissa sur le sol... Léna eut tout juste le temps de bondir pour amortir le choc et protéger la tête de Raphaël.

— Ne t'inquiète pas, ma belle... Il vient de tomber dans les pommes, comme vous dites... Rien de grave... D'ailleurs il ouvre déjà les yeux...

Et s'adressant à la masse inerte sur le sol :

— Eh bien, mon garçon, on peut dire que tu as fait une peur bleue à ton amie ! Respire lentement et profondément. Quand tu te sentiras prêt, relève-toi tout doucement. Surtout prends ton temps ! Et si tu as un bonbon, vas-y, ne te prive pas !

Raphaël n'avait jamais eu de malaise vagal, il s'était vu partir, mais tout était allé trop vite pour lui permettre de réagir. Il avait pensé qu'il était en train de mourir et se souvenait avoir affronté cet événement sans s'affoler, avec une bravoure inhabituelle chez lui, tout en éprouvant un profond sentiment d'impuissance, accompagné d'un curieux cocktail de sensations. Quand il revint à lui, il se sentit stupide de s'être donné en spectacle de la sorte. *En plus, je viens de me ridiculiser devant Léna ! La honte totale !*

— Mon cher enfant, je regrette, mais tu n'es pas prêt. Tu reviendras me voir plus tard si tu le désires, quand tu le seras.

— Mais prêt pour quoi ? trouva-t-il la force de demander.

— Je ne peux rien te dire pour l'instant, le secret est trop lourd. Il va te falloir mettre un certain nombre de choses à jour par toi-même.

— Et ce carnet, ces cris, cette femme, ce bébé ? énuméra Raphaël. Tout sortait d'un coup à présent.

— Ce carnet, c'est la clé. La personne à qui il a appartenu voulait que tu tombes dessus, c'est là qu'il a fallu que j'intervienne.

— Comment… c'est vous qui… Mais comment ? Pourquoi ? Qu'est-ce que… ? hoqueta Raphaël.

— Chut ! Calme-toi ! Je ne suis qu'une intermédiaire, une sorte de maillon. Je mets les gens en relation avec… des personnes défuntes.

— Vous voulez dire des morts ! Vous parlez aux morts ? Mais quel est le rapport avec moi ?

— Je te l'ai dit, tu n'es pas prêt. Tu ne dois pas avoir peur, il ne va rien t'arriver. Il y a quelqu'un qui souhaite entrer en contact avec toi, mais seulement lorsque le moment sera venu.

— Vous avez parlé d'un secret, ajouta Léna, d'une voix aussi douce que possible pour ne pas brusquer la vieille dame. Vous ne pouvez pas mettre Raphaël sur la voie ?

— Comme souvent, les choses ne sont pas ce qu'elles semblent être… C'est tout ce que je dirai pour l'instant. Ton ami est bien trop sensible, il a eu sa dose de chocs émotionnels pour la journée !

— Mais il ne peut même pas le toucher, ce carnet ! Comment pourrait-il continuer à chercher des indices dans ces conditions ?

— Je reconnais bien là ton tempérament impatient, Léna ! Mais il va falloir laisser du temps au temps, comme on dit. Les choses rentreront dans l'ordre petit à petit…

Maintenant qu'il a reçu « l'appel », ses flashs seront de moins en moins violents ou angoissants ; il va se rendre compte qu'il n'est pas en danger.

Et se retournant vers Raphaël, elle ajouta :

— Poursuis ta route, mon petit bonhomme, il te reste des éléments à identifier pour comprendre ce qu'il t'arrive, mais fais-moi confiance, personne ne te veut de mal. Tu ne risques rien, absolument rien. Je t'en donne ma parole. Approche, donne-moi tes mains.

Voilà qu'elle me traite de « petit bonhomme » devant Léna, j'aurais dû venir seul. J'ai envie de rentrer sous terre tellement c'est la lose ! Elle vient de m'humilier grave sous les yeux de ma meilleure amie...

Néanmoins Raphaël, dont l'amour-propre venait d'être mis à rude épreuve, s'avança vers la centenaire, d'un pas aussi assuré que possible pour faire bonne figure devant Léna.

L'aïeule toute ridée prit chacune de ses mains dans les siennes, d'un geste lent, et resta immobile un moment, en silence, les yeux fermés :

— Voilà, tu vas retrouver un sommeil digne d'un enfant de ton âge, peu importe que les persiennes de ta maison claquent toute la nuit ou que le plancher se mette à craquer !

— Et en plus, elle sait comment c'est chez moi ! souffla Raphaël à Léna en repartant d'un pas déstabilisé après cette rencontre plus que déroutante.

Chapitre VIII

La vieille femme n'avait pas menti : sitôt couché, Raphaël tomba comme une bûche, alors qu'il se sentait encore tout retourné de sa rencontre avec l'étrange Geneviève.

Il n'avait cessé de se répéter en boucle *je risque rien*, comme elle le lui avait promis… Mais sa tension intérieure était encore bien palpable alors qu'il enfilait son pyjama. Il s'était brossé les dents si fort que ses gencives lui faisaient mal. Sans doute un trop-plein d'énergie pour évacuer le malaise de cette fin de journée. Pendant le dîner, sa mère avait perçu son anxiété et il s'en était sorti avec une pirouette, prétextant un gros contrôle d'histoire le lendemain… alors qu'en réalité les événements de l'après-midi tournoyaient comme un manège infernal dans sa tête, un mécanisme qui serait devenu fou et que personne ne parvenait à stopper…

Je risque rien ! Telle fut sa dernière pensée en remontant sa couette le plus haut possible, cherchant à se protéger de ce qui planait de façon cauchemardesque au-dessus de sa tête, puis boum, plus rien… Un grand trou noir… Ce fut la sonnerie du réveil qui le fit sursauter à 7 h 30 ! Il avait dormi d'une traite, sans se retourner dans tous les sens comme il avait l'habitude de le faire…

Incroyable ! Il se sentait frais et dispo, relaxé comme jamais. Il fut tellement surpris par le relâchement de ses membres qu'il faillit tomber dans les escaliers, ce qui occasionna le retour d'un peu de stress et de sensations plus familières pour lui !

*
* *

Léna guettait son arrivée à l'école, mais Monsieur Lesévère était déjà là, fidèle au poste, pour surveiller la cour. Impossible de s'isoler pour parler… Ce « cerbère de Lesévère », comme se plaisaient à le surnommer les élèves, aurait trouvé ça louche. Il faut dire que le directeur voyait des « complots de chenapans » partout, pour employer ses propres termes. Raphaël et Léna se saluèrent d'un check, comme chaque matin. Leurs regards suffirent à se transmettre des consignes de prudence. Sans prononcer un seul mot ils convinrent d'attendre patiemment la fin des cours, agir autrement eût été suicidaire ! Aucune envie de se faire punir et de devoir faire des heures supplémentaires ! Ils rejoignirent la bande de Léo, ce dernier les accueillit à la façon de Lesévère :

— Ah, voici « les inséparables Du-Du », jamais l'un sans l'autre ! « Que serait le chemin sans son tilleul, et vice-versa ! » s'exclama-t-il à grand renfort d'intonations railleuses plus vraies que nature.

En classe cela ne faisait rire que le maître, très fier de ses trouvailles lexicales minables… Mais, dans la cour, lorsqu'il s'agissait de « singer le vieux singe », Léo était clairement le plus doué… Il fallait juste surveiller que l'instit ne déboule pas par surprise… C'est pourquoi les quatre membres officiels de son groupe se positionnaient tel un bouclier protecteur, et veillaient à ce que le regard du directeur ne soit pas tourné vers leur imitateur vedette.

*
* *

Raphaël, qui avait eu la journée pour y penser, sentait qu'il avait des réponses à trouver. Et il savait exactement où. *Dans la pièce au fond du grenier,* songea-t-il en accélérant le pas pour franchir la grille qui séparait la vraie vie du royaume sur lequel régnait Monsieur Lesévère en « empereur de la terreur » autoproclamé ! Il s'empressa d'envoyer un SMS à sa grand-mère pour la prévenir qu'il allait goûter chez Léna… Il n'était plus à un mensonge près ces jours-ci… Les enfants entrèrent discrètement par la porte de derrière, celle qui donnait dans le logement de ses parents. Ils retirèrent leurs chaussures et marchèrent sur la pointe des pieds, ce n'était pas le moment de tomber nez à nez avec sa mamie et de perdre du temps à devoir expliquer pourquoi ils n'étaient pas chez Léna. Pour la conversation avec sa grand-mère adorée, il pourrait toujours se rattraper au dîner. Et tant pis pour le goûter !

Assis en tailleur au milieu de la petite pièce poussiéreuse, ils fixaient le carnet que Léna avait déposé par terre, ne sachant pas trop comment opérer. Raphaël, soucieux, se posait des tas de questions : pouvait-il prendre le risque d'ouvrir le carnet ? Allait-il se passer la même chose que la dernière fois ? Et si le danger augmentait à chaque fois, contrairement à ce qu'avait dit la vieille Geneviève ? Léna, habituellement si rationnelle et rassurante, était aussi indécise que lui.

Il fouilla au fond de la poche arrière de son jean et fit apparaître une pièce dorée flamboyante ! Léna semblait perplexe.

— Une de mes pièces fétiches... précisa Raphaël. Mais si tu as une meilleure idée, je t'écoute.

— Non, non. C'est pas ça, Raphie.

— Ben qu'est-ce que c'est alors ? demanda le garçon d'un ton plus agressif qu'il ne l'aurait voulu.

— C'est juste que cette histoire de pièces, je ne comprends pas vraiment.

— Écoute, Léna, j'ai l'habitude de prendre les décisions graves de cette façon-là et jusqu'à présent, ça ne m'a pas trop mal réussi.

Léna scruta la pièce. On y voyait le Petit Prince assis sur une chaise, face à des fleurs. La pièce était belle mais Léna ne comprenait pas le rapport avec ce qui les préoccupait en ce moment. Raphaël lut l'incrédulité sur le visage de son amie. Il fit alors cette citation d'Antoine de Saint-Exupéry dans *Le Petit Prince* :

« *On ne voit bien qu'avec le cœur. L'essentiel est invisible pour les yeux* ».

— Ah ! Oui, je vois. Je crois que je comprends le rapport entre la situation qu'on est en train de vivre et la pièce. Alors vas-y : pile, tu ouvres le carnet. Face, c'est moi.

La pièce s'éleva, tourbillonna dans les airs et retomba dans la main de Raphaël, qui, d'un geste vif, la plaqua sur sa paume gauche.

— C'est pile... *Allez, je ne risque rien*, se persuada Raphaël en inspirant profondément comme la vieille Geneviève lui avait demandé de le faire après qu'il fut tombé dans les pommes. Léna posait sur lui un regard encourageant et chaleureux. Raphaël détacha la lanière avec précaution.

— Ça alors ! Il ne se passe rien ! Regarde, Léna ! Je peux toucher le carnet.

— Super ! Allez, au boulot ! Que va-t-il nous dire ce carnet ?

Les poèmes se succédaient, ils n'étaient pas difficiles à comprendre, mais ne contenaient pas d'informations exploitables. Les deux amis présumaient que c'était le carnet de la fille sur la photo et qu'elle était éperdument amoureuse pour écrire de tels poèmes. Parfois elle s'adressait plus directement à celui qui faisait vibrer son cœur :

Ma vie ne serait rien sans ton amour.

Les deux enfants se sentaient un peu coupables de voyeurisme, pour reprendre la formulation de Léna, qui avait un bon vocabulaire dans le domaine de la psychologie... Entrer ainsi dans l'intimité de cette jeune femme les mettait mal à l'aise.

— Elle était très belle, regarde ses cheveux ! J'aimerais trop que les miens soient aussi longs et soyeux ! s'extasia Léna.

Les cheveux soyeux ! Alors là, il n'y a bien qu'une fille pour s'emballer sur un truc comme ça !

Il entreprit néanmoins de détailler le visage sur la photo jaunie.

Tout à coup, ce visage se détacha de la photo et s'imprima dans sa tête, dans une autre pose, dans un autre décor... Qu'est-ce que... Oui, c'était bien elle... Il la voyait dans sa tête ! Elle était en train d'écrire, assise sur une petite chaise... Le sang de Raphaël se figea : elle écrivait dans un carnet posé sur ses genoux... LE carnet ! Puis elle se leva et se dirigea vers une lucarne, s'agenouilla, souleva une lame du plancher... et y enfouit ce qu'elle avait dans les mains. Raphaël était blême ; Léna lui parlait mais il ne l'entendait pas : il venait de reconnaître la lucarne ! C'était ici, dans cette pièce ! La cachette était ici !!!

Chapitre IX

Sous le choc de sa découverte, il fallut cinq bonnes minutes au préadolescent pour retrouver ses esprits et rassurer Léna qui redoutait un nouveau malaise. Ces derniers temps, les pertes de connaissance du garçon s'étaient multipliées, à tel point que Léna s'était demandé s'il ne serait pas plus prudent pour Raphaël de consulter un médecin. Raphie aurait pu dire qu'il ne se sentait pas très bien, sans donner d'autres précisions, sans être obligé d'entrer dans les détails du pourquoi et du comment tout ça avait débuté… Le docteur l'aurait alors ausculté et aurait prescrit des médicaments en cas de besoin. Elle remit à plus tard ce conseil qu'elle ne manquerait pas de lui donner en cas de nouveau « souci ». *Faudrait pas que tout ça porte atteinte à sa santé !*

Raphie venait de commencer son récit et les yeux de Léna s'arrondirent au fur et à mesure des révélations, toutes plus hallucinantes les unes que les autres… Son esprit cartésien venait encore d'en prendre un coup… Elle avait toujours de sages recommandations à prodiguer, mais là… Il fallait bien admettre qu'elle ne maîtrisait rien du tout ! Son bon sens était mis à rude épreuve…

Elle voulut spontanément s'avancer sous la lucarne et tenter de trouver la cachette… mais Raphaël hurla :

— Non, n'avance pas, le plancher est fichu, les lattes sont complètement vermoulues ! Tu passerais au travers !

Léna ne fut pas longue à retrouver son sens pratique :

— Je sais comment faire : dans le grenier d'à côté, il y a de grandes planches bien épaisses. On va en faire glisser en perpendiculaire, sur la zone fragile. Elles ont l'air assez longues pour avoir un appui de chaque côté sur une partie saine. Tu comprends ?

— Oui, nickel. Faisons ça. T'es vraiment la championne de la débrouille !

Le cri du cœur plein d'admiration de son ami la désarma un instant. Elle sentit ses joues rosir.

— T'es bête ! Je suis juste pragmatique, comme dirait mon père !

— Et modeste ! ne put s'empêcher d'ajouter Raphaël en lui faisant un clin d'œil.

Plaisanter s'avérait nécessaire après ce qu'ils venaient de découvrir ! Ils adoraient se lancer des piques, la bonne humeur faisait partie de leurs échanges quotidiens. C'était leur mode de communication préféré, celui auquel ils avaient recours quand ils avaient besoin de décompresser. Et après toutes ces heures passées avec Lesévère, se défouler était vital.

*
* *

L'installation semblait stable, bien sûr il n'était pas question de faire des bonds ou de trop s'attarder dans le périmètre... Raphaël étant le plus léger des deux, il décida de se lancer. Il se sentait suffisamment en sécurité pour s'avancer lentement à quatre pattes afin de répartir son poids... Il rampa jusque sous la lucarne, là où la jeune fille se tenait dans la vision mentale qu'il avait eue en observant la photo.

Il scruta le sol, le bout des lattes vermoulues, la poussière qui recouvrait le plancher et s'était infiltrée dans le moindre interstice... Heureusement qu'il n'y était pas allergique ! Il tenta très délicatement de soulever chaque extrémité qui se présentait devant lui, ayant repéré trois possibilités : trois bouts de plancher suffisamment courts pour être facilement manipulés. Le premier tomba en miettes dès qu'il enfonça un ongle dedans. Le deuxième résista. Le troisième lui sembla bancal. *Je ne risque rien je ne risque rien, je ne risque rien,* articulait-il de façon inaudible pour ne pas se ridiculiser devant Léna. Il s'efforçait de donner assez de jeu pour parvenir à soulever un des angles.

Léna, en retrait, tenait par précaution les chevilles de Raphaël, au cas où... On n'est jamais trop prudent ! *Pourvu qu'il réussisse !* se surprit-elle à implorer mentalement alors qu'elle n'était pas superstitieuse pour deux sous ! Au bout de quelques minutes, elle sentit qu'il rebroussait chemin.

— Tu as trouvé quelque chose ?

Il ouvrit la paume de la main droite, faisant apparaître une chaîne et une médaille. Les enfants n'auraient pas été plus excités s'ils avaient découvert la caverne d'Ali Baba.

Ils inspectèrent le bijou, tel un trésor : sur la médaille ronde, deux cœurs s'entrelaçaient. La chaîne semblait sale, le métal, quel qu'il fût, avait mal vieilli durant toutes ces années... Ils retournèrent les cœurs et découvrirent une inscription, délicatement gravée, encore visible sous la couche de poussière : *À Marie, l'amour de ma vie. F.*

Raphaël et Léna n'avaient pas vu le temps passer. Ils sursautèrent en entendant résonner la cloche : Mamie

Luce signalait que le dîner était prêt et que la famille était attendue à table.

— Waouh ! Il est si tard ! J'ai intérêt à prévenir mes parents que j'arrive, sinon ils vont ameuter la gendarmerie pour enlèvement d'enfant !

Léna aimait plaisanter avec la cool attitude qui régnait chez elle concernant les horaires… Si un jour elle se faisait réellement enlever, le temps que ses parents s'aperçoivent qu'elle n'était pas rentrée et réagissent, les ravisseurs auraient passé la frontière ! Chez Raphaël on était nettement plus à cheval sur les horaires.

Les enfants se faufilèrent rapidement hors du grenier, non conscients que ce n'était que le début des découvertes qui les attendaient…

Chapitre X

Raphaël ne pouvait détacher ses doigts du médaillon qu'il gardait au fond de sa poche.

— Tu sembles bien pensif ! Quelque chose te préoccupe ? lui demanda sa mère qui trouvait son comportement inhabituel, lui qui d'accoutumée essayait d'accaparer l'attention de ses parents au dîner, rare moment de partage familial. Raphaël leur posait toujours des tas de questions sur leur journée, il adorait que ses parents lui racontent des anecdotes sur certains clients qui avaient des idées bien arrêtées sur les produits qu'ils souhaitaient trouver à l'épicerie. Ce soir-là, il était visiblement perturbé…

— Et qu'est-ce que c'est que cette façon de se tenir ! Les mains sur la table, s'il te plaît ! ajouta sa grand-mère dont la contrariété semblait disproportionnée.

Raphaël avait toujours été un enfant facile, docile, très obéissant… Il n'y avait normalement aucun besoin de lui rappeler les principes de bonne tenue qui lui avaient été inculqués et qui étaient fondamentaux pour sa chère mamie. Le plus souvent, Luce était une mamie gâteau, mais il savait qu'elle pouvait se montrer dure et sévère si on ne « filait pas droit » comme elle l'entendait.

— Pardon, je rêvais, tenta d'expliquer Raphaël, pour s'excuser.

Il aurait souhaité tirer à pile ou face avec l'une de ses pièces pour savoir comment aborder les choses après leur découverte dans le grenier, mais le temps lui avait manqué… Il se sentait pris de court jusqu'à ce que ses yeux se posent sur Pichu, le vieux matou, qui traversait tranquillement la pièce pour aller faire un somme sur « sa » chaise, près de la fenêtre. Pas n'importe quelle chaise, une chaise bien rembourrée que le félin s'était appropriée. *S'il pose sa tête à gauche, c'est pile, à droite, c'est face. Pile je me tais, face je pose la question qui m'obsède*, se dit Raphaël.

Comme un fait exprès, alors que Raphaël surveillait le plus discrètement possible l'installation du félin, celui-ci tournicota pendant de longues secondes, essayant un appui d'un côté… de l'autre… Il cherchait une position confortable et rien ne semblait lui convenir…

Raphaël l'implora mentalement de se poser. En retour, Pichu émit un long miaulement rauque, qui surprit toute la famille. Tous les regards se tournèrent vers lui… alors qu'il reprenait sa danse… Raphaël sentait la tension revenir et augmenter avec cette longue indécision du vieux chat. *Pichu, aide-moi, j'ai besoin que tu me dises quoi faire*, pria-t-il mentalement

Nouveau miaulement d'une profondeur incroyable.

— Mais qu'est-ce qu'il lui prend à ce chat ? réagit Thierry d'un ton qui trahissait son agacement. Persuadé qu'il était allergique, il veillait toujours à se tenir à bonne distance de l'animal qu'il aurait volontiers convié à quitter le foyer s'il avait pu décider.

Pichu sembla toiser le groupe attablé du regard… réfléchir encore… Tout à coup, il fonça droit sur Raphaël, sauta sur ses genoux, vint frotter son menton avec le dessus de sa tête... et, avant de se faire attraper, rebondit sur le sol. En deux temps trois mouvements, le chat retourna sur « sa » chaise où il prit immédiatement une posture sans appel : il désirait dormir.

— Merci, souffla le garçon, qui n'y croyait plus. Il aurait juré qu'à ce moment précis le chat avait ouvert un œil, le droit, l'avait regardé intensément comme pour lui parler... et l'avait refermé. Mais bon, ça n'était pas possible... Il se faisait des idées...

Au moins, il savait quoi faire, Pichu, qui désormais ronronnait d'aise et de bien-être, l'avait aidé à prendre une décision, comme l'une de ses pièces aurait pu le faire. Raphaël détacha ses yeux du chat et se tourna vers les adultes pour leur demander d'un ton aussi banal que possible :

— Est-ce que vous savez si une femme qui portait le nom de Marie a vécu dans cette maison ?

À sa gauche, son grand-père qu'on n'entendait généralement pas beaucoup à table, faillit s'étouffer, il avait dû avaler de travers. Quant à sa grand-mère, elle était devenue blême, comme si le sang avait cessé d'irriguer son visage. Le malaise était palpable, mais son père, trop occupé à découper le poulet rôti, n'avait pas prêté attention à la question. Intriguée, sa mère prit la parole :

— Pourquoi cette question ? Tes arrière-grands-parents, mémé Violette et pépé Jacques, ont vécu là, comme tu le sais. C'est ici qu'est née mamie Luce, mais avant eux, je ne sais pas du tout, en fait. Et toi, maman, tu sais qui habitait ici avant et s'ils faisaient partie de notre famille ?

Raphaël observait discrètement sa grand-mère. Elle fit un effort surhumain pour lever la tête et regarder sa fille. Laure était en train de se servir de la salade et continua de manger sans rien remarquer d'inhabituel dans l'attitude de sa mère. Raphaël, lui, sentait bien que sa mamie était très tendue. Depuis toujours, il était réceptif au ressenti de ses proches. Léna lui avait déjà dit qu'il était hypersensible pour un garçon et que c'était une grande qualité à ses yeux. Raphaël n'avait rien osé lui répondre mais avait apprécié cette confidence. La raison de la tension soudaine de sa mamie lui échappait totalement, mais étant lui-même très souvent en proie à des manifestations d'anxiété à des degrés d'intensité variables, il pouvait détecter le stress chez les autres sans l'ombre d'un doute. Il éprouva soudain de la honte. *Mamie semble fâchée, j'ai dû dire quelque chose de mal.*

Son amour inconditionnel pour sa grand-mère le faisait se sentir coupable. Il s'en voulait beaucoup de lui avoir gâché son repas et ses joues se mirent à s'empourprer au fur et à mesure que sa gêne grandissait. Sa grand-mère reprit :

— Avant mes parents, il y avait mes grands-parents ici, les parents de ma mère. Personne ne s'appelait Marie. Encore des histoires à dormir debout ! D'où te vient ce prénom d'abord ? demanda la grand-mère en se tournant vers le garçon d'un air mécontent.

Nouvelle panique… Que dire ? Sa mamie était incontestablement fâchée… Il ne fallait pas poursuivre.

— Oh, j'ai dû faire un rêve. Je ne sais plus trop bien, bafouilla Raphaël, affolé.

— Les rêves, c'est tout et n'importe quoi ! s'emporta sa mamie, le visage crispé comme jamais.

Fin de la discussion. Luce venait de clore le sujet et c'était sans appel.

Raphaël était suffisamment perspicace pour comprendre qu'il ne fallait surtout pas insister. L'affaissement de ses épaules traduisait son degré de perplexité devant l'attitude inhabituelle de sa grand-mère et ses réponses fuyantes. Le comble, c'est qu'il n'avait pas voulu la vexer. Comment aurait-il pu prévoir qu'une simple question la mettrait dans un tel état ? C'était incompréhensible. Au lieu d'avoir une piste sur l'identité de cette jeune Marie, non seulement le mystère s'épaississait, mais en plus il avait, sans le vouloir, déclenché un gros incident diplomatique avec sa mamie… Le brouillard était total des deux côtés !

C'est la guerre froide avec Mamie, on dirait ! J'y comprends rien ! Pourquoi cette agressivité ? Du coup, c'est clair que c'est pas par eux que je vais apprendre quoi que ce soit ! Quelle galère, cette crise ! On dirait qu'elle fait la tête, maintenant ! Et c'est ma faute !

Chapitre XI

Entre Luce et Francis, la situation devenait difficile à gérer, il y avait de la tension dans l'air… La soirée avait été particulièrement éprouvante pour les deux, et à l'heure du coucher il était clair qu'ils n'étaient pas d'accord sur ce qu'il fallait passer sous silence ou non…

— Luce, j'ai de plus en plus de mal à tout garder pour moi… Ça finira par se savoir un jour… Je crois que ce n'est pas bien de taire la vérité.

— Francis, ressaisis-toi ! Tu sais que c'est mieux comme ça pour tout le monde. Allez, oublie tout ça et détends-toi ! Bonne nuit !

*
**

Comme chaque soir, les parents de Raphaël buvaient une tisane au salon, histoire de pouvoir discuter tranquillement tous les deux. Dans la journée, ils ne faisaient que se croiser à l'épicerie, chacun ayant des tâches bien définies : après quelques ajustements, ils étaient parvenus à une répartition efficace du travail. Le dîner avec Raphaël et les parents de Laure était un moment convivial et tous deux étaient reconnaissants à Luce de se charger de la cuisine.

Thierry lisait le journal local, avachi dans le vieux canapé en cuir, tandis que Laure, confortablement installée dans son fauteuil habituel, écoutait *La sonate au clair de lune* de Beethoven, son compositeur favori. Thierry posa les yeux sur sa femme, il hésitait à lui faire part de ce qu'il avait sur le cœur. Cependant ils s'étaient toujours tout dit et il décida que ce soir ne ferait pas exception à la règle.

— Laure, je voudrais ton avis, commença-t-il d'une voix qui reflétait son trouble.

— Oui, bien sûr. Je peux arrêter la musique si tu préfères.

— Non, pas la peine. C'est juste que j'ai l'impression que tout est tendu à la maison en ce moment. Encore ce soir, l'atmosphère m'a semblé bizarre pendant le dîner. Je veux dire qu'il y avait de l'électricité dans l'air…

— Oui, tu as raison. Ma mère a réagi de façon excessive avec Raphaël au sujet de quelque chose de dérisoire… Raphaël, lui, semble totalement à l'ouest depuis plusieurs jours… Même le chat n'était pas comme d'habitude. Je ne l'avais jamais vu se comporter comme ça depuis la nuit des temps !

— Peut-être qu'il va y avoir un orage. Les animaux sentent ce genre de chose, on dirait qu'ils ont des antennes qui captent les moindres variations météorologiques !

— C'est possible, en tout cas je ne crois pas que ce soit bien important. On n'a pas beaucoup de temps pour nous, pas question de laisser quoi que ce soit gâcher nos soirées, affirma Laure en allant se blottir dans les bras de son mari.

*
* *

Raphaël fut songeur tout le reste de la soirée. Partagé entre le sentiment d'être fautif et celui d'être victime d'injustice : le ton sec de sa grand-mère résonnait douloureusement dans ses tympans. Son estomac était noué. Que faire désormais ? De toute sa famille, c'est pour sa chère mamie Luce qu'il avait le plus d'affection. Il faut dire qu'elle l'avait quasiment élevé et que c'était avec elle qu'il passait le plus clair de son temps quand il était à la maison. Elle avait dû mal interpréter ses propos, il faudrait donc qu'il se débrouille seul avec Léna.

Une fois dans sa chambre, les images mentales se mirent à se bousculer lui donnant mal à la tête : la scène de l'après-midi… Le médaillon… Les cœurs entrelacés… La jeune femme en train d'écrire sur sa petite chaise. Tout à coup, il la vit lever la tête et plonger ses yeux d'un vert profond dans les siens, un regard si direct et si franc que le jeune garçon en bloqua instinctivement sa respiration, se sentant en danger.

Elle se tenait à cinquante centimètres de lui, il aurait pu la toucher… La jeune femme articula quelque chose qu'il crut à son intention, mais ses oreilles ne percevaient plus que des bourdonnements… Il tenta en vain de lire sur ses lèvres, mais il avait trop peur pour parvenir à se concentrer. Il sentait ses jambes fléchir, il fallait impérativement respirer, tout commençait à tourner devant ses yeux… Il prit conscience qu'il était en apnée…

Privé d'air pendant de longues secondes, ses poumons s'emplirent violemment… Il ferma les yeux un instant et, quand il les rouvrit, elle n'était plus là. La vision s'était évanouie… ou était-ce… comment dire… ce « fantôme » qui avait fui, apeuré ? Raphaël ne savait plus très bien où il en était. Une chose était sûre, c'est que ça lui filait trop les jetons tout ça ! En même temps, il pouvait être fier de lui, il avait plutôt bien géré la crise ! Et tout seul, qui plus est ! La vieille Geneviève semblait avoir raison : il ne risquait rien. *La prochaine fois, je ne paniquerai pas !* se promit-il. *Je peux le faire !*

*
* *

Il ne croyait pas si bien dire en parlant de prochaine fois. Dans les quarante-huit heures qui suivirent, il eut une série de visions, de sensations de rêves éveillés, précisément.

Toujours la même jeune femme, d'abord en train d'écrire avec un porte-plume qu'elle trempait régulièrement dans un petit encrier en porcelaine… Ensuite assise sur un petit muret, les chevilles croisées, regardant sa montre et jetant un coup d'œil en direction du vieux clocher, sans doute pour vérifier l'heure… Puis elle arrangeait ses cheveux, comme si elle avait rendez-vous avec quelqu'un… Elle levait la tête et semblait regarder Raphaël, lui parler… Mais il n'entendait rien. Il avait l'impression d'assister à la projection d'un film muet… La frustration était épouvantable !

*
* *

Au fur et à mesure de ses expériences paranormales – un terme qu'affectionnait particulièrement Léna – il avait appris à dompter son angoisse et comprenait désormais que ce contrôle lui permettait de bien mieux ressentir les choses. Son crâne ne subissait plus autant de pression, les bourdonnements d'oreille avaient disparu, les images commençaient à évoluer : aussi invraisemblable que cela puisse paraître, il lui arrivait de se retrouver à la place de cette Marie, de voir avec ses yeux ! C'étaient encore des instants furtifs, mais il sentait qu'il était sur la bonne voie, même si cela demeurait fort déstabilisant de se dire que quelqu'un d'autre utilisait sa perception ou vice versa, il s'y perdait... Il réalisait qu'il abordait ces événements incroyables en maîtrisant de mieux en mieux son angoisse... Cet après-midi-là, alors qu'il avait élucidé le problème de maths avant le temps imparti, il se laissa aller au songe... Et tout naturellement, une vision se produisit, comme à la demande : *trop fort !* Mais là, Marie semblait crier, elle pleurait, elle tambourinait contre une porte, comme si elle ne pouvait pas sortir. Puis elle s'était assise sur un lit recouvert d'un édredon rouge et la perspective avait brusquement changé. Raphaël comprit qu'il était en train de voir ce que ses yeux à elle voyaient. Elle portait une robe bleue très ample, différente de celle qu'il avait vue lors de ses précédentes visions, et se regardait à l'aide d'un petit miroir doré qu'elle déplaçait comme si elle voulait s'observer sous toutes les coutures. Elle posa la main sur son ventre, resta ainsi un moment, puis se leva et alla à la fenêtre, qu'elle ouvrit en grand. Comme si elle manquait d'air, elle aussi...

    Raphaël découvrit l'église à quelques centaines de mètres... Il reconnut l'angle de vue : la scène se passait encore dans sa maison... Cette pièce devait être la vieille chambre au bout du couloir, juste en dessous de la petite pièce du grenier... Cette chambre était dans la partie non restaurée et non habitée de la grande bâtisse. Ses parents avaient installé une porte pour couper le couloir en deux et ne pas chauffer tout l'étage infiniment trop grand pour eux trois.

    La sonnerie retentit et tira Raphaël de son état de transe. Il sursauta et eut la désagréable sensation que son Tshirt était trempé de sueur. *Non ! C'est pas possible ! Ça vient de se produire en classe ! J'ai zappé la fin du cours !*

Il n'en revenait pas. Un coup de chance, Monsieur Lesévère n'avait rien détecté de ce qui s'était passé, il prenait un malin plaisir à dicter les devoirs à toute allure… Toute la classe sortit de bon cœur dès que le Cerbère les y autorisa !

Une fois informée, Léna se montra impressionnée par les progrès de son ami, Léna n'avait pas jugé bon d'intervenir ces deux derniers jours :

— Crois-moi Raphie, tu t'es débrouillé comme un chef ! Tu te rends compte ? En deux jours, tu as super évolué dans ta démarche, tout seul, sans mon aide… C'est comme si tu étais en train d'apprivoiser l'esprit de Marie ! Et en même temps, tu as appris à dominer tes peurs… Je suis tellement fière de toi !

Si Léna n'existait pas, il faudrait l'inventer ! se dit Raphaël, regonflé à bloc et rayonnant de bonheur.

Chapitre XII

Il était temps pour Raphaël de faire le point sur toutes les informations mises à jour afin de décider dans quelle direction poursuivre. La médaille ne le quittait plus, comme un porte-bonheur qui le rendait chaque jour plus confiant : alors qu'il la sentait contre sa cuisse, il lui semblait que les questions et les remarques récurrentes du père Lesévère glissaient sur sa protection invisible… Lui qui avait endossé le rôle de souffre-douleur de l'instituteur dès que ce dernier éprouvait le besoin de passer ses nerfs sur quelqu'un… Raphaël ne comprenait pas comment il avait pu se laisser déstabiliser à ce point par cet homme amer et probablement très frustré. *Non mais on dirait Léna qui débite le jargon habituel de sa mère !* pensa-t-il en son for intérieur.

Il se sentait relié à la médaille, désormais rutilante. Il faut dire qu'il avait passé des heures à la faire reluire avec autant d'énergie que lorsqu'il lustrait les pièces de sa collection… Il était en train de suivre des yeux les oscillations du bijou qui pendait au bout de sa chaîne quand il se sentit partir. Il revécut à peu près la même séquence : dans la chambre, à la porte, à la fenêtre… Toujours pas de son, mais il y avait une énorme différence avec la fois précédente, les insupportables bourdonnements dans ses oreilles avaient disparu. *Waouh* ! songea-t-il en rouvrant les yeux, *cette fois-ci, je suis quasiment sûr d'avoir déclenché la vision, comme si je m'étais téléporté des années en arrière… Léna ne va jamais me croire ! Il faut absolument que je retourne dans cette chambre pour en avoir le cœur net !*

Quand il était petit, Raphaël y avait souvent joué, mais à cette époque-là, il n'avait jamais rien remarqué qui aurait pu lui paraître bizarre. Il décida d'aller voir sans plus tarder, il n'avait rien à perdre de toute façon.

Le bois de la vieille porte avait dû gonfler, il lui fallut procéder de la même façon que pour ouvrir la porte de la pièce du dessus : pousser de tout son poids à maintes reprises, jusqu'à ce que les gonds rouillés finissent par céder. *Quelle vieille bicoque !* jura-t-il intérieurement.

Une fois entré, il repéra l'antique interrupteur et appuya dessus. L'ampoule au plafond émit une lumière si faible qu'il se hâta d'entrouvrir les volets pour laisser entrer les rayons du soleil. La pièce sentait le renfermé, mais elle lui apparut telle qu'il l'avait laissée quelques années auparavant : vide, spacieuse et… très décrépie. Elle n'avait subi aucune transformation depuis fort longtemps. Le papier peint, qui devait être majoritairement rose pâle à l'origine, présentait de nombreuses taches de moisissure, il était devenu jaunâtre, orange, voire marron par endroits. Il se décollait à chaque jonction de « lés », un mot nouveau, fraîchement appris à l'école et inscrit dans son carnet de vocabulaire avec la définition suivante : *largeur d'une étoffe ou d'un papier peint entre ses deux lisières*. Monsieur Lesévère ne plaisantait pas avec ce qu'il appelait pompeusement « l'enrichissement lexical » ! Le regard de Raphaël se posa sur une grosse fissure, que l'on pouvait deviner sous l'épais papier rosâtre qui avait cloqué, et qui zigzaguait de haut en bas du mur du pignon. À une vingtaine de centimètres de là, sur la droite, un long cordon de satin était relié d'un côté à un petit boîtier fixé au plafond et de l'autre à un genre de grosse olive qui permettait de l'attraper facilement dans le creux de la main : les anciens avaient trouvé là un ingénieux système pour allumer ou éteindre la lumière depuis leur lit. Raphaël sourit : petit, il avait passé de longs moments à tirer sur ce cordon magique qui faisait apparaître et disparaître la lumière. Au sol, il retrouva deux petites autos miniatures qu'il avait dû oublier. En fait, rien n'avait changé dans cet endroit délaissé, si ce n'est une odeur de renfermé plus dérangeante que Raphaël dut mentalement combattre pour ne pas laisser le malaise grandir. Les relents infects des moisissures saturaient l'atmosphère, mais tant pis, il devait impérativement surmonter cette épreuve s'il voulait en apprendre plus.

Après quelques longues respirations pour retrouver la sérénité et se forcer à faire abstraction de l'odeur qui le perturbait, Raphaël extirpa une fois de plus de sa poche ce qui était devenu son objet fétiche. Au bout de quelques secondes, le médaillon prit son hypnotisant mouvement pendulaire et le jeune garçon le suivit des yeux. Très rapidement, il fut plongé dans un état second, s'y abandonnant tout entier, confiant. En tournant la tête, il vit apparaître en mode panoramique chaque recoin de la chambre. Elle était meublée assez sommairement : un lit sombre défait, une petite table usagée en bois mordoré et une chaise bancale, une grande armoire avec des portes sculptées, une table de nuit assortie au reste du mobilier, et un pot de chambre sous la table de nuit… Une bassine et un broc gisaient dans un coin. L'ensemble était austère et Raphaël frissonna. Au cours de son voyage mental, il s'aperçut que le papier était propre : on distinguait des colonnes de bouquets de petites fleurs roses, séparés les uns des autres par des spirales sinusoïdales gris clair. Tout à coup, son regard se posa sur une photo épinglée près de la porte, probablement tirée d'un magazine. Quatre personnes prenaient la pose : deux hommes et deux femmes. Une blonde avec, sur la tête, un genre de béret blanc crocheté, un blond, un châtain barbu et une brune frisée... Une alarme retentit dans la partie consciente du cerveau du garçon : cette affiche était en couleurs ! Et leurs vêtements ! Des matières brillantes et soyeuses, des pantalons dont le bas s'évasait démesurément... L'alarme semblait lui dire : « Attention ! Information capitale, à retenir impérativement ! »

Il poursuivit son investigation. Sur le mur d'en face, une dizaine d'autres images avaient été punaisées, toutes du même gars, un blond à la coiffure chelou, ni courte, ni longue... Essentiellement des portraits, sauf sur l'une des photos où il se trouvait assis sur un siège haut, une petite fille sur la cuisse droite, et un gros téléphone rouge sur la gauche. Un des posters portait une mention en dessous que le garçon tenta d'imprimer dans sa mémoire :

« I ♥ Cloclo ! »

La position de Marie changea, Raphaël se vit aller à la fenêtre, l'ouvrir, se pencher... Une voiture jaune de la poste passa, suivie d'une seconde auto d'un jaune plus pâle, qui semblait flambant neuve, et dont le bas de la vitre avait été ouvert, le bras du conducteur dépassait, posé sur le montant. Raphaël eut l'impression d'appeler cette personne... Mais elle n'entendit pas et ne leva pas la tête. La voiture s'éloigna sous ses yeux.

Après une longue inspiration suivie d'une expiration tout aussi profonde, sa concentration s'intensifia : ses mains se mirent à violemment tourner la poignée de la porte, puis ses avant-bras tambourinèrent tant qu'ils pouvaient sur le bois... Raphaël sentit ses lèvres s'entrouvrir et des cris s'en échapper, entrecoupés de « S'il vous plaît, laissez-moi sortir ! » La voix qui sortait de la bouche du garçon avait pris des intonations haut perchées, féminines sans l'ombre d'un doute.

C'est l'accélération brutale de son rythme cardiaque qui le fit émerger de sa transe. Il n'avait pas bougé et se trouvait toujours assis en tailleur au centre de la pièce... Ses bras et ses mains brûlaient : en relevant ses manches, il fut abasourdi de découvrir de vilaines marques sur sa peau s'étalant du coude au poignet, les paumes de ses mains étaient écarlates et ses phalanges douloureuses et gonflées.

Il respira lentement par le ventre pour ralentir les battements de son cœur et se calmer. Il venait de passer un cap de plus, il était entré dans la peau de Marie ! Et tellement naturellement ! Il n'en revenait pas... Il fallait absolument raconter cette expérience à Léna, mais avant... il devait vérifier certaines choses qui l'intriguaient au plus haut point.

N'ayant pas encore le droit d'avoir un smartphone, il fut obligé d'aller consulter Internet sur l'ordinateur familial. *Je dois penser à effacer mon historique de navigation, on ne sait jamais... Mes grands-parents n'utilisent pas l'ordinateur, mais maman si... On n'est jamais trop prudent !*

Il lui sembla que la page du moteur de recherche mettait une éternité à s'afficher... *Tu parles d'un débit ! J'irais plus vite en pédalant ! Bon, réfléchissons ! Par quoi je commence ?* Il voulait se dépêcher pour ne pas prendre le risque d'être surpris, il croisa les doigts pour que sa mère n'ait pas le temps de quitter l'épicerie de bonne heure aujourd'hui.

Première recherche : Cloclo.

Des centaines de photos apparurent, toutes avec cet homme blond, parfois entouré de danseuses très légèrement vêtues. Ce devait être un chanteur. Raphaël continua de site en site… Il venait de découvrir quelque chose de déroutant… Ce n'était pas possible… Il n'en croyait pas ses yeux !

Deuxième axe de recherche : le poster avec le groupe des quatre.

Avant tout, il lui fallait vérifier un truc qui le turlupinait depuis qu'il avait posé les yeux sur eux. Il se leva et alla passer en revue les disques vinyles de sa mère près de la chaîne hi-fi que plus personne n'utilisait. Bingo ! Les voilà ! L'album disait Abba *: The Definitive Collection* et comprenait deux disques. C'étaient bien ces quatre mêmes personnes, peut-être un peu plus âgées que sur le poster, mais il les reconnut sans peine.

Wikipédia lui permit de dater ce groupe : en activité de 1972 à 1982 ! Il compara les données avec le premier chanteur, actif de 1962 à 1978… *Non, mais ça n'allait pas du tout cette histoire, c'était carrément impossible !*

Troisième vérification : il tapa « véhicules de la poste » et finit par tomber sur la voiture de sa vision : une Renault 4 F4, autrement dit une 4L Fourgonnette, véhicules utilisés dès les années soixante, jusqu'en 70-80, voire plus dans certains villages ! *Tout concordait…*

Dernière recherche : la voiture jaune.

Il avait vu et mémorisé son nom, mais qu'allait lui dire Wikipédia ? La « 2 CV Spécial jaune cédrat » fait son apparition en septembre 1975 ! *Non seulement c'est bien trop près de nous… Mais ça n'est pas n'importe quand… Ma maman est née le 29 novembre 1975 !*

Raphaël se sentit pris de vertiges, des gouttes de sueur commencèrent à perler sur son front, ses mains devinrent moites, un tremblement irrépressible s'empara de son corps…

Non c'est bien trop près de nous… Non ! Non ! Ça ne se peut pas ! implora-t-il. Marie et sa maman auraient vécu en même temps dans cette maison ?

Le vertige se transforma en nausée, Raphaël effaça vite les traces de ses recherches et coupa brutalement Internet. Il fila se passer la tête sous l'eau froide pour reprendre ses esprits, en espérant qu'il n'allait pas se mettre à vomir… *Marie aurait vécu dans ces lieux si récemment ? Elle aurait habité la chambre rose au moins jusqu'en 1975 ? Mais pourquoi ma famille ne la connaît pas ? Mes grands-parents **NE PEUVENT PAS** ne pas la connaître. Alors pourquoi disent-ils le contraire ?*

Chapitre XIII

> Léna, j'ai besoin de te voir, ça urge !

Le SMS était presque un ordre, la jeune fille dut prétexter un énième problème de maths à résoudre pour abandonner ses parents au beau milieu de la traditionnelle promenade du samedi après-midi. Dans la famille de Léna, le samedi matin c'étaient les courses, l'après-midi une activité familiale de plein air... Enfin quand ils ne décidaient pas de partir hors des sentiers battus pour la journée, espérant découvrir de nouveaux sites ne figurant sur aucun guide touristique.

Elle enfourcha son vélo et battit des records de vitesse... Léna adorait les sensations fortes, elle était du genre casse-cou et ses exploits sportifs lui avaient déjà valu quelques points de suture et un plâtre au bras gauche... Le SMS de Raphaël surprit Léna, il n'était pas si autoritaire d'ordinaire. Il avait dû se passer quelque chose de grave.

*
* *

— C'est trop dingue, ton histoire, Raphie ! Complètement dément ! Tu imagines les implications ?

— Non, je ne peux rien imaginer du tout justement ! À mes yeux, ça n'a aucun sens ! Viens avec moi, Léna. Il faut que je retourne dans la chambre rose, je ferai apparaître Marie et j'essaierai de lui demander des explications.

— Mais qu'est-ce que tu racontes, Raphie ? Tu lui parles ?

— Non, mais je peux provoquer sa venue et voir ce qu'elle voit, même si je ne m'explique pas ce phénomène... Je crois même que je peux la faire parler, donc si je réussis à la faire venir, il me faut quelqu'un pour écouter... et confirmer... Tu seras le témoin de ce qui se passera. Si j'avais un smartphone, je pourrais enregistrer ! Mais avec ce téléphone minable, je ne peux rien faire...

— T'inquiète ! Le plus simple, c'est que je te filme avec le mien !

Les enfants étaient déjà arrivés devant la porte de la chambre rose. Léna s'abattit dessus, et... rien ! Elle recommença. Toujours rien. Elle était pourtant forte pour son âge ! Piquée au vif, elle s'acharna... En vain ! Niet ! Nada ! Pas un chouïa de mouvement !

— Qu'est-ce que c'est encore ? Fais voir ! dit Raphaël. C'est pas le moment de te blesser !

Il saisit la poignée, tourna et poussa d'un coup sec... Le battant céda.

— Non mais j'hallucine ! C'est une porte misogyne ou quoi ? grogna Léna, vexée... Elle détestait que quelque chose lui résiste.

Une fois qu'ils furent entrés, Raphaël alla entrouvrir les volets et s'installa comme la dernière fois au centre de la pièce. Léna quant à elle se posta dans l'un des angles, appuya sur l'icône caméra de son portable et s'apprêta à filmer la scène. Mais rien n'allait se passer comme prévu...

Raphaël était concentré sur la médaille, en train d'invoquer Marie. Il commença à ressentir des vibrations sous son corps, de plus en plus fortes… Au même moment, une voix se mit à murmurer dans sa tête : « Sors ! Sors ! »

Surpris, il ouvrit les yeux et se tourna vers Léna. Il ne put réprimer un cri d'horreur ! La fillette était plaquée contre le mur, comme une crêpe collée au fond d'une poêle, les bras écartés, elle était en lévitation, les pieds à environ cinquante centimètres du sol… Elle semblait paralysée et… *Oh, non ! Mais elle étouffe !* réalisa Raphaël en remarquant ses yeux révulsés.

Il bondit sur elle, lui attrapa les mains, tout en lui parlant d'une voix énergique :

— Léna ! Léna ! Par pitié Léna, reviens ! Elle s'écroula instantanément sur le sol comme un pantin désarticulé, entraînant Raphaël dans sa chute… Le corps du garçon permit d'amortir l'impressionnante culbute de son amie, mais il se retrouva presque aussi sonné qu'elle… Ce n'était pourtant pas le moment de faire l'inventaire de ses bleus ou de ses égratignures !

— Léna ! Ouh ouh ! Léna ! Réponds-moi ! s'affolait Raphaël en lui donnant de petites claques sur les joues.

Au bout de quelques minutes, qui lui parurent des heures, elle finit par ouvrir les yeux, visiblement déboussolée.

— Et d'où tu crois que tu peux me filer des baffes ? s'exclama-t-elle.

— T'es revenue à toi, Léna ! C'est pas trop tôt ! C'était horrible ! J'ai flippé à mort ! sanglotait Raphaël.

Il tremblait de tous ses membres, ne parvenant pas à se calmer. Il la serra dans ses bras.

— Non mais arrête ton cirque ! Qu'est-ce qui te prend ? T'es tombé sur la tête ou quoi, Raphaël ?

Il comprit alors qu'elle n'avait aucun souvenir de cette expérience si traumatisante et ce n'était pas plus mal !

— Désolé, Léna, je déraille… Je viens de vivre un épisode plutôt violent. Je ne vois qu'une explication à tout ça : l'esprit refuse de m'apparaître si je ne suis pas seul. Il vaut mieux que tu te postes dans le couloir… Tu te contenteras d'écouter derrière la porte… Si je parle, tu entendras forcément ! À l'époque les pièces n'étaient pas insonorisées !

Léna fulminait de frustration ! Tout à coup, elle aperçut son téléphone gisant sur le sol :

— Oh, c'est pas vrai ! Si l'écran est pété, je vais me faire trucider par ma mère !

Ouf ! L'écran était intact, Léna allait échapper de peu à un mémorable remontage de bretelles. Madame Dutilleul, la mère de Léna, très cool en apparence, n'avait pas une patience à toute épreuve. Et surtout, elle ne buvait jamais de tilleul, boisson apaisante s'il en est, mais carburait au café entre deux rendez-vous… Un comble si l'on pense au flegme légendaire de certains psys !

Soulagée, Léna se dirigea calmement vers la porte, d'un air docile. Elle s'attendait à ce que ce maudit tas de planches lui résiste, elle mit donc toutes ses forces dans son geste, et se retrouva fesses au sol… La porte, décidément très caractérielle, venait de s'ouvrir comme si quelqu'un en avait raboté les bords et graissé les gonds. Nouvelle vexation pour la jeune fille… Elle sortit sans un mot… Et vlan ! Le battant se referma à grand bruit juste derrière elle.

— Raphie ! Pas la peine de me claquer la porte au nez !

— Mais j'te jure, Léna, j'ai rien fait !

Elle voulut s'assurer de quelque chose : elle entreprit d'ouvrir la porte à nouveau… Rien de rien ! Mais dès qu'elle posait les doigts sur la poignée, elle sentait des vibrations qui allaient crescendo, et avait la sensation de manquer d'air…

Elle n'insista pas, le message était limpide, mais elle ne put s'empêcher de s'exprimer à voix haute :

— Qui que vous soyez, vous ne voulez pas de moi dans la chambre ! Je respecte votre décision… Mais s'il vous plaît, continuez de guider mon ami sans lui faire de mal !

Léna était plus affectée par ce qui venait de se passer qu'elle ne voulait se l'avouer, elle n'avait rien voulu laisser paraître devant Raphaël, mais en réalité elle était contrariée que « l'esprit » n'ait pas toléré sa présence dans la chambre rose. Elle n'était pas préparée à se faire éjecter de la sorte et son amour-propre en avait pris un sacré coup, même si elle ne se souvenait pas précisément des événements… Pour quelles raisons obscures l'avait-on contrainte à quitter la pièce, forçant Raphaël à affronter seul cette situation abracadabrantesque ? Devoir abandonner ainsi son ami d'enfance la minait. Raphie était un peu comme un frère jumeau, ils n'avaient pas de secrets l'un pour l'autre. Elle éprouvait une forte attraction pour ce garçon plein de ressources mais qui doutait de lui. Du plus loin qu'elle se souvienne, ils avaient toujours tout partagé et il était hors de question que quoi que ce soit se mette en travers de leur complicité. C'était elle, son âme sœur, depuis le départ. C'était elle qui l'avait toujours soutenu, toujours réconforté, toujours épaulé… Elle était en train de se rendre compte qu'elle devenait jalouse de Marie, enfin, jalouse de ce que Raphaël partageait avec Marie… Se sentir exclue de la sorte la rendait amère, mais en même temps elle s'en voulait beaucoup de ces sentiments si éloignés de l'image « cool » et tolérante qu'elle mettait un point d'honneur à renvoyer : il fallait qu'elle se raisonne, cette histoire ne devait pas saper ce lien unique qui s'était tissé entre eux depuis la petite section de maternelle.

J'vais quand même pas me laisser aller à devenir aussi manipulatrice que Lara, ou pire, qu'Ophélia ! Elles en sont à faire du chantage aux garçons qui craquent pour elles... Cette seule pensée suffit à l'aider à relativiser : *OK, je me sens un peu mise de côté face à tout ça, mais c'est pas sa volonté à lui. Rien n'a changé entre nous, tout est cool comme avant.*

Chapitre XIV

Raphaël inspira profondément puis expira très lentement, il lui fallait retrouver la sérénité s'il voulait tenter d'entrer en communication avec Marie.

— C'est bon, Marie, à présent je suis tout seul ! Vous n'avez rien à craindre ! lança-t-il dans l'espoir de montrer qu'il avait bien compris l'avertissement.

Il répéta mentalement comme un refrain qui se voulait rassurant : *Je suis tout seul ! Vous n'avez rien à craindre.* Au bout de quelques minutes, il eut la curieuse sensation de flotter. Mais cette fois-ci, il n'était pas dans la peau de Marie… En fait, elle se tenait juste devant lui, belle jeune fille lumineuse. Elle lui souriait. Elle tendit une main diaphane vers Raphaël et lui dit seulement : *Aide-moi.* Mentalement, il lui demanda comment. *La vérité… La vérité… La vérité…* Ce mot semblait tourbillonner dans la chambre rose, tel un prisonnier détenu depuis fort longtemps entre ces quatre murs. Seul Raphaël pouvait les percevoir.

Marie finit par s'approcher de Raphaël, prit l'une de ses mains qu'elle posa doucement sur son ventre arrondi. Raphaël crut défaillir.

— Vous attendez un bébé ? bafouilla le garçon, stupéfait.

— La vérité... La vérité... Aide-moi !

Progressivement son image devint translucide et finit par disparaître... Raphaël eut cependant le temps de capter une dernière chose :

— Lettre cachée... Trouve ma lettre !

Il reprit conscience. Léna, très inquiète, tambourinait sur la porte. Ce tapage intempestif avait dû gêner l'esprit de Marie et la faire fuir.

*
* *

Les enfants bavardaient dans le jardin, à l'ombre du tilleul, pour ne pas éveiller les soupçons – d'ordinaire, par une journée aussi ensoleillée, ils ne restaient jamais enfermés. D'ailleurs la grand-mère de Raphaël, en pleine préparation de confitures, préférait ne pas les avoir sur le dos, ce qui tombait bien. Raphaël récapitulait sous le regard attentif de Léna, qui faisait des efforts surhumains pour ne pas montrer à quel point elle avait été ébranlée un moment auparavant.

— Le portrait en noir et blanc nous a trompés, c'est un choix artistique du photographe, mais en réalité, la photo est récente. C'est la même chose pour le carnet : il a dû être choisi pour son élégante allure d'objet ancien, pareil pour le porte-plume et d'autres choses que j'ai vues et qui m'ont laissé croire que tout ça était très loin de nous. Idem pour les affaires de toilette... Je me suis imaginé qu'on était à une époque où il n'y avait pas l'eau courante dans les maisons, mais d'après mes calculs, les « événements » se sont déroulés autour de 1975... Marie vivait ici, dans un environnement très vieillot. Jusqu'à présent on savait qu'elle avait un amoureux, mais c'est plus compliqué que ça : elle attendait un bébé... Et surtout, maintenant, on sait aussi qu'elle détient un secret qu'elle souhaite ME révéler. Elle me demande de trouver une lettre… Mais pour le moment j'ai fait chou blanc, comme dirait papi. Notre prochaine mission est donc de mettre la main sur cette fameuse lettre, mais la maison est immense. Par où commencer ? C'est comme si on cherchait une aiguille dans une botte de foin, si tu vois ce que je veux dire…

— On pourrait peut-être consulter Geneviève, suggéra Léna. Par contre, si t'es d'accord, on remet ça à demain. Là, j'ai promis à maman d'aller faire trois courses avant le dîner. Tu m'accompagnes à l'épicerie ? Ta mère sera contente de te voir un peu !

— Oui, OK… Ça me fera pas de mal de faire une pause… On file voir Geneviève demain après l'école…

Chapitre XV

Léna tournait en rond dans sa chambre pourtant si agréable et confortable, encore toute retournée par les récents événements. Les images lui étaient graduellement revenues en mémoire, une fois le choc passé. S'imaginer plaquée au mur ne lui plaisait pas du tout, mais alors pas du tout ! Elle en voulait à cette satanée Marie d'avoir infligé à Raphaël cette expérience terrifiante dont elle ne gardait aucun souvenir. *Elle doit bien savoir que je ne lui veux aucun mal et que je n'étais entrée dans cette pièce que pour aider Raphie ! Elle m'a décalquée sans me donner la moindre chance ! Fais chier, j'suis pas sa marionnette !*

La préadolescente n'était pas vraiment en colère, tourner comme un lion en cage était sa façon à elle d'évacuer le trop-plein d'émotions encore enfouies au fond d'elle... Pas question de laisser ce genre de frustration prendre le contrôle sur elle ! C'était inconcevable ! Le souvenir du baiser donné à Raphie lui revint et suffit à lui rendre la confiance inébranlable qu'elle accordait à leur amitié... Plus forte que tout, plus forte que ce que Marie pouvait et pourrait encore bouleverser. *Raphie et Léna... Ensemble, on peut tout affronter, on sera toujours là l'un pour l'autre : aujourd'hui, demain, dans dix ans... En attendant, il faut que je dorme... Il faudra que je sois en forme demain pour bien « imprimer » ce que nous dira Geneviève ! Chaque détail a son importance...*

*
* *

La vieille femme semblait ne pas avoir quitté son banc de pierre au bord du lavoir depuis la dernière fois. Elle regardait droit devant elle, comme perdue dans la contemplation de quelque chose qui se serait trouvé dans l'eau croupie du lavoir, exactement comme l'autre jour.
— Ah ! Vous revoilà ! lança-t-elle, alors qu'ils étaient encore à cinq mètres dans son dos.
Toujours aussi déroutante « la sorcière » ! pensa Léna.
— Un peu de respect, jeune fille, je te prie ! Je te rappelle que je suis la doyenne du village ! Oui, il se trouve que j'ai des yeux derrière la tête !
Étant donné qu'elle n'avait rien dit tout haut, Léna faillit lâcher : *non mais on va où si on ne peut même plus penser tranquille !* Mais elle préféra s'abstenir et enchaîna en s'efforçant d'adopter un ton aussi aimable que possible :
— Pardon, Madame, beaucoup d'événements se sont passés depuis l'autre jour. Raphaël est presque parvenu au bout de cette histoire, mais il coince sur un élément. On s'est dit que vous pourriez peut-être l'aider.
La vieille femme se retourna brutalement et foudroya Raphaël de ses yeux translucides :
— Tu n'as pas de voix, toi ?
Il avait préféré laisser son amie prendre la parole, toujours très intimidé par cette vieille femme à l'allure inquiétante, qui semblait avoir des pouvoirs encore plus terrifiants !

— C'est que... Je ne sais pas trop comment vous exposer le problème, dit Raphaël, d'une voix qui manquait d'assurance.

— Pas la peine ! Je ne peux plus rien pour toi. Ma partition est achevée !

— Euh... émit Raphaël, perplexe.

— Autrement dit, reprit la vieille Geneviève, j'ai joué le rôle que j'avais à tenir. Fini, basta, nada... Maintenant tu dois te débrouiller seul, jeune homme...

Elle s'amusait visiblement comme une enfant malicieuse devant le visage décomposé de Raphaël et la colère rentrée de Léna. Elle reprit d'une voix autoritaire :

— Inutile de rester plantés là comme deux statues.

Les enfants s'apprêtaient à prendre congé quand elle ajouta d'un ton moins pète-sec :

— Bon, d'accord, je vais reformuler.

— On croirait entendre Monsieur Lesévère ! ne put s'empêcher de murmurer Léna qui bouillait de rage.

La vieille femme fit semblant de ne rien avoir entendu et poursuivit :

— Comme je te l'ai déjà dit, jeune homme, j'ai hérité d'un don de ma grand-mère. Et à cause de cela, un esprit bien particulier m'a demandé de te mettre en relation avec lui...

Elle s'interrompit en remarquant l'irritation manifeste de Léna, qui se sentait complètement ignorée depuis le début de la conversation. S'adressant enfin à la jeune fille, elle précisa :

— Oui, Léna, je sais, ta mère nomme cela « des aptitudes paranormales » dans son jargon de psychologue... Moi, j'appelle ça un don... ou une malédiction... au choix...

Elle marqua un temps d'arrêt pour observer l'effet produit par cette information. Les deux enfants étaient pensifs. Raphaël commençait à comprendre le poids qui pesait sur ses épaules et Léna se demandait si elle devait l'envier ou le plaindre.

— Vous savez, les enfants, à presque cent ans, j'en ai vu passer des esprits ! Ce n'est pas de tout repos, croyez-moi ! Ah, oui, une dernière chose : je n'ai pas le choix, je ne peux pas refuser d'aider…

Ces mots évoquèrent à Léna une vieille série des années 2000, rediffusée sur la TNT, dans laquelle une jeune femme voyait des personnes défuntes et devait les aider à régler un dernier « détail » ici-bas pour leur permettre de partir vers l'au-delà… Elle se dit que Marie devait vouloir terminer quelque chose sur terre… avant de pouvoir passer complètement de l'autre côté, « une fois que tout serait en ordre ». Ça se tenait…

Pendant l'échappée mentale de Léna, la vieille Geneviève poursuivit sa mise au point :

— Pourquoi toi, Raphaël ? Deux raisons, et deux bonnes. Premièrement, comme moi, tu fais partie de ceux que l'on nomme des « héritiers spirituels ». Ton talent, comme tu viens de le découvrir, tu dois le dompter, l'approfondir, apprendre à bien le maîtriser en toutes circonstances… mais sans jamais douter de tes capacités ! Cette prédisposition, que tu le veuilles ou non, tu l'as en toi. Deuxièmement, ce don te vient de celle qui te parle… Oui, c'est ça… Elle-même. Elle aussi le possédait. Elle est partie tôt, bien trop tôt. Elle n'a pas eu le temps de boucler son histoire. Elle a besoin de toi pour ça. Elle attend depuis ta naissance que tu sois prêt pour affronter le secret. Mais ce secret, c'est bien toi, et toi seul, qui doit le mettre à jour.

La vieille femme marqua une pause, sans doute pour réfléchir à ce qu'elle pouvait dévoiler ou non, mais aussi pour observer l'impact de ces révélations au gré de leur cheminement dans la tête de Raphaël.

— Allez, reprit-elle, je veux bien t'aider un tout petit peu. La lettre existe, tu vas la trouver. Et puis... le carnet n'a pas encore livré tous ses secrets.

*
* *

Sur le chemin du retour, Raphaël ressassait les mots de la vieille Geneviève, encore et encore. Ses pensées s'entrechoquaient, tantôt optimistes – *les explications vont émerger, ça ne fait pas l'ombre d'un doute* – tantôt pessimistes – *j'suis pas assez solide pour percer seul tous les mystères qui m'entourent...* Les visages de son entourage lui apparaissaient : sa grand-mère chez qui une expression indécodable avait dernièrement modifié l'habituelle attitude bienveillante... sa mère qui posait un regard affectueux sur lui... son père qui lui donnait une petite tape amicale dans le dos, comme pour le faire avancer... son grand-père qui lui adressait un sourire encourageant... Pichu dont le poil se hérissait sans raison apparente...

Léna garda le silence en raccompagnant Raphaël chez lui, mais elle lui prit la main et ne la lâcha pas jusqu'à la maison. Elle déposa un rapide baiser sur la joue de son ami et se sauva en courant.

En franchissant le portail du jardin, pour entrer discrètement par l'arrière de la maison, histoire de cogiter tranquillement sans avoir à parler à qui que ce soit, Raphaël vit son grand-père se pencher pour ramasser un objet à terre. Il stoppa net et posa la main sur sa poche. *Mince ! La médaille ! Elle est tombée !*

Il se cacha derrière l'un des deux énormes piliers en pierre où était fixée l'antique grille en fer forgé. Il assista alors à une scène pour le moins déconcertante : son grand-père tenait le bijou dans le creux de sa main gauche... Soudain il la porta à sa bouche... Il venait de déposer un baiser sur la médaille de Marie !

Chapitre XVI

Quelle heure pouvait-il bien être ? Raphaël avait perdu la notion du temps suite aux derniers bouleversements qui s'étaient abattus sur lui : d'abord les événements traumatisants vécus dans la chambre rose, puis la conversation avec la vieille Geneviève. Il ruminait sur les termes qu'elle avait employés : « don » ou « malédiction ». Il y avait de quoi flipper ! *Et papi qui se met à faire des trucs trop bizarres ! C'est quoi ce délire ?*

Il se détourna de ces préoccupations pour se concentrer sur le comportement de Léna sur le chemin du retour. *Surprenant quand même !* Jusqu'à présent ils étaient simplement potes... De super potes, même s'il avait cru déceler une légère distance en elle ces jours-ci... Mais là, sentir la main de la jeune fille dans la sienne l'avait réconforté... Ce bref baiser, il ne savait pas quoi en penser, mais une chose était certaine : son cœur s'était mis à battre d'une façon inédite. Il remit à plus tard ce genre de considération, il avait une mission urgente à accomplir et ne pourrait faire retomber la pression avant d'avoir aidé Marie.

Il était 18 heures. Raphaël avait donc deux bonnes heures avant le dîner. Il fallait impérativement qu'il en finisse avec tout ça, il sentait qu'il était à deux doigts de découvrir LE secret...

Il s'accorda vingt minutes pour faire la conversation avec sa mamie sinon elle se plaindrait de ne pas l'avoir vu de la journée. Déjà qu'il lui avait menti en prétextant goûter chez Léna puis l'avait évitée au retour du lavoir...

En voyant son petit-fils entrer dans la cuisine, le visage de Luce s'éclaira : elle ne se faisait jamais prier pour discuter avec lui. Elle lui demanda comment s'était passée sa journée et Raphaël lui expliqua combien il trouvait que les cours de Monsieur Lesévère manquaient de dynamisme et d'originalité. Il pensait que le maître était bien trop strict. Jamais un mot d'encouragement, c'était insupportable ! Comme d'habitude, sa grand-mère se rangea du côté de l'instituteur. Ce n'était pas demain la veille qu'elle lui donnerait tort. À son époque, tout le monde respectait les enseignants, et elle trouvait que l'évolution de la société sur ce point précis était désastreuse... Pour elle, éducation allait de pair avec autorité... La politesse de Raphaël, Luce y avait veillé. De nos jours, c'était la cinquième roue du carrosse, elle s'en rendait compte mais ne lâchait rien pour autant.

— Mon grand, ton maître a entièrement raison. Il exige le respect de la part de ses élèves et c'est normal, conclut sa grand-mère au moment où Raphaël s'apprêtait à monter.

— Et bien sûr, avec mamie, Lesévère a toujours raison... marmonna-t-il dans l'escalier sans remarquer Pichu qui rebroussait chemin à toute vitesse vers le palier.

*
* *

— Luce, quand j'ai trouvé cette médaille, c'était comme si...

— Oui, Francis, je sais, je sais, répondit-elle excédée.

— Non, je ne crois pas. Tu ne peux pas comprendre à quel point j'ai été…

— Tais-toi, Francis, tu te fais du mal pour rien.

— Mais enfin Luce, c'est trop dur ! implora son mari. Mets-toi à ma place !

— Comme si ce n'était pas douloureux pour moi aussi d'entendre toutes les questions que se pose Raphaël sans pouvoir l'éclairer !

— Mais on doit répondre aux questions de notre petit-fils ! On a déjà trop attendu. Moi, je considère qu'il ne faut plus tenir personne à l'écart, je vais craquer, je te dis !

— Francis, combien de fois faudra-t-il que je t'explique que nous avons pris la bonne décision. Nous n'avions pas le choix et nous ne l'avons pas plus aujourd'hui ! Tu es têtu quand tu t'y mets !

— Je préfère arrêter là cette discussion ! Tout le monde va arriver pour le dîner ! Je vais t'aider à mettre la table.

*
* *

Après la petite conversation de diversion avec sa grand-mère, Raphaël décida de retourner dans la chambre rose après avoir récupéré le carnet. Il réitéra le rituel qu'il commençait à connaître par cœur : il s'assit en tailleur au milieu de la pièce et appela Marie, comme il avait appris à le faire.

— Allez, Marie, je veux bien vous venir en aide. Mais s'il vous plaît, il va falloir m'éclairer un peu plus !

Marie apparut immédiatement. Elle saisit le carnet et lui souffla : « Regarde bien ! »

À partir de ce moment-là, Raphaël assista, tel un spectateur médusé, à une nouvelle scène : à l'aide d'un coupe-papier doré, Marie se mit à séparer précautionneusement les deux morceaux de carton qui constituaient la couverture du carnet. Elle prit alors quelque chose qu'elle inséra délicatement dans la fente. Enfin, elle appuya très fort pour que l'espace redevienne invisible.

Puis la scène se métamorphosa. Raphaël fut de nouveau invité à la voir en tant que témoin invisible : Marie mit une feuille dans une enveloppe qu'elle posa un instant sur son cœur avant d'y déposer un tendre baiser... Raphaël eut l'impression de recevoir lui aussi un baiser, sans doute le souvenir de celui de Léna... Ensuite, Marie se leva, monta sur son lit et toucha le papier peint, quelque part derrière le cordon qui servait d'interrupteur. Raphaël vit que son ventre était vraiment volumineux, sa grossesse devait être très avancée... Les doigts fins de Marie soulevèrent légèrement le papier peint, puis avec le même coupe-papier, elle agrandit l'espace décollé... inséra la lettre... redescendit du lit pour aller chercher un tube, sans doute de la colle... Elle remonta sur le lit, déboucha le tube, appliqua quelques gouttes sous le bord du papier peint et retourna s'asseoir sur la chaise. Pendant qu'il visionnait tous ses gestes avec attention, Raphaël parvint à percevoir les pensées de la jeune femme à ce moment-là : il comprit qu'elle n'avait pas la possibilité d'utiliser sa cachette habituelle dans le grenier, ce qui l'avait forcée à improviser.

La scène changea de nouveau... Raphaël se mit à entendre des hurlements... Son ventre semblait se déchirer. C'était insoutenable, il allait mourir de douleur... Il se pencha et se vit avec un énorme ventre, une vaste tache brunâtre s'élargissait sous son corps... Mais que lui arrivait-il ? Quelqu'un entra et s'écria : « Vite, c'est le moment ! » Il perdit connaissance.

*
* *

— Maman, est-ce que tu penses qu'on peut communiquer avec des esprits ?

— En voilà une drôle de question ! Je peux savoir d'où te vient cette interrogation ?

Nathalie Dutilleul semblait fort surprise. On était tellement loin des sujets habituels abordés dans son foyer… Elle jeta un coup d'œil soucieux sur sa fille :

— Tu t'es laissée entraîner dans quelque chose de louche ? On t'a proposé quoi que ce soit de bizarre ? Léna, que se passe-t-il ?

— Non, non, je t'assure. Je me demandais… C'est tout. J'ai lu un article sur un médium sur Internet. Il prétend qu'il entre en contact avec les morts et qu'il les entend lui parler comme s'ils étaient physiquement avec lui… Alors, par curiosité, je me suis dit… Enfin… La communication, c'est ton rayon…

— Ma puce, c'est déjà tellement ardu de faire communiquer les individus en chair et en os, que ce soit avec moi ou avec les autres… Je n'ai ni le temps ni l'énergie de me tourner vers l'au-delà !

Nathalie marqua un temps d'arrêt, cherchant la meilleure façon de poursuivre cette conversation atypique…

— Et puis, tu sais ce que je pense de tous ces charlatans qui vendent de l'espoir et des rêves, qui exploitent sans aucun scrupule la peine, la douleur ou la peur des personnes faibles… Fais bien attention à qui tu choisis de faire confiance, Léna ! s'exclama Nathalie d'une voix plus autoritaire que nécessaire.

— Maman, c'est bon, je te jure… C'était juste une question, rien de plus que ça, s'empressa de préciser Léna.

Elle savait que sa mère avait vite fait de s'inquiéter quand il s'agissait d'elle. Un peu logique pour quelqu'un qui passait des heures à écouter des gens qui étaient mal dans leur peau ou, encore pire, qui déraillaient complètement...

— Bon, d'accord... Mais promets-moi de ne rien tenter d'extravagant par simple curiosité ! Si tu as envie de savoir plus de choses sur le paranormal, on trouvera des ouvrages que l'on consultera toutes les deux. Ne te laisse manipuler par personne, c'est tout ce que je te demande, Léna !

— D'ac, maman. Je t'assure que tout est cool, il n'y a aucun problème, te prends pas la tête.

Léna tourna les talons, elle voulait abréger cette conversation stérile au plus vite. Sa mère avait énormément de qualités, était bien plus tolérante que la majorité des mères de ses camarades de classe... Mais elle pouvait aussi se montrer obstinément fermée à certaines idées... Et là, Léna en avait un bel exemple !

Bon, j'ai compris, je n'ai plus qu'à me débrouiller seule pour épauler Raphie ! Et vu que je ne lui sers pas à grand-chose dans le registre « apprivoiser un fantôme », c'est plutôt sur tout le reste que je dois me concentrer : tout le reste de la vie, quoi ! Raphie, c'est mon « double-contraire » ! On ne va pas l'un sans l'autre, on se complète ! Elle arborait un grand sourire en prenant la direction de sa chambre, toute excitée par la suggestion qu'elle voulait faire à Raphaël.

Keske tu dirais si on se surnommait les 2B1,
pour contrer l'autre avec ses « Du-Du »
à la schnock ? ;-)

Le SMS partit.

Chapitre XVII

En ouvrant les yeux, la première chose qui sortit de sa bouche fut :
— Marie a eu son bébé ici ! Il en avait la certitude. Peu importait l'heure qui tournait, peu importait si ses parents rentraient, peu importait si le dîner était prêt... Il fallait à tout prix continuer. Plus possible de faire marche arrière... Il sentait que cette soirée allait bouleverser sa vie à tout jamais... Il fallait qu'il sache !

D'abord le carnet. Tant pis, il manquait de temps... Il déchira la partie intérieure de la couverture : une photo apparut et tomba sur ses genoux. Une photo en couleurs, mais des teintes plutôt fades et un format carré dentelé qui devait être courant à cette époque-là. Il découvrit un homme jeune, athlétique, grand, brun... Il devait avoir une vingtaine d'années. Pour que Marie dissimule sa photo, il n'y avait pas trente-six explications : c'était son amoureux... Et par conséquent le père du bébé.

Mais la mission était loin d'être terminée ! Raphaël poursuivit en s'attaquant au papier peint. Il lui fallut aller chercher une chaise dans la pièce d'à côté. Il n'eut aucune difficulté à localiser la cachette, le bord du papier peint s'était complètement décollé. Il lui suffit de tirer dessus pour agrandir l'espace. L'enveloppe glissa sur plusieurs centimètres. Il parvint à en pincer un coin pour l'extirper de sa cachette. Le problème, c'est que le papier avait beaucoup souffert au fil des ans. L'humidité avait dilué l'encre, rendant les trois-quarts de la lettre illisible. Le reste était recouvert par des taches de moisissure et avait même été grignoté par des bestioles. Berk !

— Allez, c'est répugnant mais tu vas t'en remettre ! se dit-il à mi-voix pour s'encourager. Ce n'est pas le moment de laisser tomber... Déchiffre ce que tu peux !

Çà et là, quelques bribes de phrases se laissaient encore deviner : *amour... t'aime... trouver une solution... fonder une famille... s'enfuir... courage...* C'étaient les seuls mots qu'il parvenait à lire... La signature était indéchiffrable, mais la première lettre ressemblait à un E ou un F.

Raphaël réfléchit pour essayer de recoller les morceaux du puzzle. *Les amoureux voulaient s'enfuir pour vivre ensemble, il devait donc y avoir des soucis avec leurs familles respectives. Mais le bébé est arrivé ici... Vraisemblablement dans la chambre rose... Ils n'ont pas pu faire aboutir leur projet... Marie est morte... Et le bébé, qu'est-il devenu ? Et son père, où est-il maintenant ?* Les questions se bousculaient dans la tête du garçon, c'était infernal d'être si près du but et de ne pas avoir la fin de l'histoire. À force de réfléchir, il repensa soudain à un élément qu'il n'avait pas encore exploité : son grand-père embrassant la médaille avec une émotion dont il avait pu ressentir les vibrations alors qu'il se tenait à une distance de plus de vingt mètres. Bizarre !

Mon grand-père Francis ! Francis ! F ! Non, c'est pas possible. J'peux pas y croire !

Il décida d'en avoir le cœur net. Il se concentra de nouveau et rappela Marie... Elle était là, il sentait qu'elle était tout près de lui. Elle guettait sa réaction, c'était sûr. Elle apparut immédiatement et déclara :

— Tu y es ! Continue ! Va jusqu'au bout !

— Ton amoureux, comment s'appelait-il ? questionna Raphaël, qui venait de passer naturellement au tutoiement.

— Je ne peux pas te le dire. C'est à toi de prononcer son prénom.

— Est-ce que c'est Francis ? demanda gentiment Raphaël.

En entendant ce prénom, Marie ne put retenir ses sanglots. Elle hoqueta :

— Oui… C'est bien… lui.

— Non… Francis, mon grand-père ?

— Oui, se contenta de répondre Marie en baissant la tête.

— Mais… où est ton bébé ? Attends, c'est pas clair, je reformule : est-ce que ton bébé est toujours en vie ?

— Oui

— J'te fais pleurer, pardon Marie. Je suis désolé… Tu dois répondre à toutes mes questions pour que je puisse t'aider…

— Euh… Est-ce que c'est un garçon ?

— Non.

— Alors c'est une fille !

— Oui, une petite fille…

— Mais… Euh… Est-ce qu'elle vit ici ? Au village ? demanda Raphaël, troublé.

— Oui

— Je la connais ?

— Oui.

Raphaël rassembla tout son courage pour poser l'ultime question, LA question dont il redoutait d'entendre la réponse.

— Est-ce que ta fille habite dans cette maison ?

Marie se contenta d'acquiescer.

Raphaël lutta contre la nausée qu'il sentait monter avec la violence d'un tsunami, il lui fallut exercer tout le self-control dont il était capable pour ne pas partir en vrille. Respirant très fort, il finit par lâcher :

— Ta fille, c'est ma maman, hein ?

— Oui, mon bébé, France.

— Non, ma maman, elle s'appelle Laure ! hurla Raphaël.

— Elle devait s'appeler France... Il y a eu un changement de prénom indépendant de ma volonté... Maintenant, Raphaël, tu connais mon secret. Tu dois faire éclater la vérité. C'est la condition pour que je puisse partir en paix.

Raphaël n'avait plus de voix, plus de mots, plus de corps... Il ne ressentait plus rien. Était-il encore vivant ? Déjà mort ? À cet instant précis, il n'aurait su le dire.

Il avait vaguement conscience qu'on l'appelait d'en bas depuis un bon moment. Il avait même entendu retentir la cloche, signe qu'il fallait s'empresser de descendre à table. Mais il s'en moquait... Plus rien n'avait d'importance, tout ce en quoi il avait toujours cru venait de s'effondrer. *Des mensonges ! Des mensonges ! Des mensonges !*

Soudain, la porte s'ouvrit et sa mère apparut :

— Mais qu'est-ce que tu fais là ? Ça fait une heure qu'on t'appelle ? Lave-toi les mains et dépêche-toi de descendre !

Chapitre XVIII

Raphaël, en proie à un mélange d'amertume et de colère, ne répondit pas, il se leva, ramassa le carnet, la photo, la lettre et son enveloppe. Il avait L'impression de bouger au ralenti et était encore sonné par cette cascade de révélations. Une douleur intense l'oppressait.

Il se rendit compte qu'il n'avait pas saisi les mots que sa mère venait de prononcer. En fait, il avait perçu de vagues signaux sonores, comme s'il gisait au fond de l'eau. Il n'avait entendu qu'une succession de bruits assourdis, des bribes de mots qu'il n'avait pu capter… Il avait dû se résoudre à lire sur les lèvres de sa mère.

Ce n'était pourtant pas le moment de s'écrouler sous cette onde de choc. Il avait progressivement tissé un lien très fort avec Marie, il voulait l'aider et devait donc tenir mentalement et physiquement pour faire face à la suite des événements. Il devait être vigilant et ne prendre aucun risque, ce qui impliquait de rester sur ses gardes pour ne faire aucun faux pas… En repassant les derniers événements dans sa tête, il remarqua l'ironie de la situation : avant… il ne parvenait pas à déchiffrer le mouvement des lèvres, et ça, sans l'avoir choisi, il lui avait fallu apprendre à le faire… Mais pour quel résultat ? À quoi cela lui servait-il concrètement ? À rien du tout vu que tout son petit univers douillet venait de voler en éclats. Il lui semblait que rien ne serait jamais plus comme avant, il se sentait éteint à l'intérieur. Du haut de ses dix ans, il venait de voir sa vie basculer dans un gouffre béant. Pire encore, plus jamais il ne retrouverait sa grand-mère, son grand-père, sa mère et enfin son père, tels qu'il les avait toujours connus. Plus jamais il ne pourrait leur faire confiance. Sa vie simple et rassurante de petit garçon protégé venait de s'achever. Une bombe avait explosé, il était anéanti. Il respirait encore, mais tout en lui était dévasté. Il n'avait plus aucun repère, aucune illusion et c'était tellement douloureux !

Raphaël prit tout son temps pour descendre l'escalier, chancelant sous le poids qui reposait désormais sur ses frêles épaules, il fut même obligé de se tenir à la rampe. On aurait dit un zombie, il progressait un pas après l'autre, ses jambes raides semblaient peser une tonne chacune. Même la vieille Geneviève aurait été bien plus rapide que lui !

Il entra dans la salle à manger où toute la famille, assise, trépignait d'impatience. Chacun s'agitait sur sa chaise en vociférant… Mais les oreilles du garçon étaient toujours imperméables à tout. Il se dirigea vers sa place sans prononcer un mot.

Luce leva la tête et, à la dureté de son regard, Raphaël se douta qu'elle voulait le gronder. Mais elle s'arrêta net en découvrant l'expression fantomatique de son petit-fils. Un mur invisible s'était installé entre eux deux, habituellement si fusionnels. Tous sentaient qu'il se passait quelque chose de grave, et face à la lourdeur soudaine de l'atmosphère personne n'osa prendre la parole.

Le garçon approcha de sa place à table, conscient de l'intensité dramatique qui grimpait de seconde en seconde. Au lieu de s'asseoir, il posa son avant-bras gauche à droite de son assiette et balaya le tout vers l'extérieur, faisant valdinguer assiette, verre et couverts au sol. Une explosion de vaisselle retentit, Raphaël était hagard... Chacun retenait sa respiration.

Jamais de toute son existence il n'avait fait preuve d'une telle insolence. Il n'avait d'ailleurs aucunement ressenti le besoin d'être insolent chez lui, jusqu'alors... À l'école, ce n'est pas l'envie qui lui en manquait, mais il avait toujours été trop timide pour affronter le maître et ses redoutables punitions.

Tout le monde fut pris de court, les rôles venaient de s'inverser : c'était au tour des adultes de se sentir intimidés ! Raphaël fit un tour de table, dévisageant tour à tour sa grand-mère, son grand-père, puis sa mère et enfin son père...

Une belle brochette de menteurs !

Le temps semblait s'être arrêté. Personne ne s'en rendit compte, mais Pichu arriva, pressé de s'installer sur sa chaise, comme à l'accoutumée, mais il se figea dans l'encadrement de la porte. Raphaël le vit humer l'air ambiant à la manière d'un chien... Le félin se ravisa. En une fraction de seconde, il avait détalé, probablement alarmé par la tension extrême qui émanait de la pièce.

Avec une froideur qui fit frissonner l'assemblée, Raphaël fit un effort surhumain pour desserrer ses mâchoires crispées et prendre la parole :

— Quand j'avais cinq ou six ans, il y avait ici une photo de papi habillé en soldat... J'ai fait tomber le cadre posé sur le guéridon du petit salon et il s'est cassé. Je me souviens très bien que je refusais de croire que c'était papi. Pour moi, c'était un autre monsieur... Je me demande où est passée cette photo.

Sa mère répondit en se levant :

— Dans le tiroir du buffet.

Les sons pénétraient de nouveau dans ses oreilles, il les percevait de mieux en mieux. Laure revint avec la photo qu'elle posa devant le garçon avant de se rasseoir. Raphaël n'avait nul besoin de preuves, mais il en fallait pour les membres de sa famille, pour empêcher d'autres mensonges d'advenir.

Comme s'il jouait aux cartes en solitaire, sous le regard éberlué de sa famille, Raphaël aligna ses pièces à conviction sur la table : le carnet, le portrait de Marie, celui de Francis, la photo de Francis soldat...

Chapitre XIX

Léna contrôla l'écran de son téléphone... Rien, Raphie n'avait pas répondu à son SMS... Que pouvait-il bien faire ? Elle brûlait de savoir ce qu'il pensait de son idée de surnom pour leur duo d'enfer...
Faut croire qu'il n'a pas entendu la sonnerie, se dit-elle un peu déçue. Un bref coup d'œil à l'heure lui indiqua que son ami devait être en train de dîner, et qu'il ne pourrait lui répondre avant une bonne heure...

*
* *

— Il me manque encore une pièce à conviction, dit ironiquement Raphaël, ses grands yeux verts braqués sur son grand-père, comme s'il s'apprêtait à le mitrailler. Je sais que tu as trouvé quelque chose dans le jardin. Va le chercher !
L'autorité totalement inédite dans sa voix ne laissait place à aucune contestation : le garçon venait de braver une nouvelle fois toutes les règles de savoir-vivre inculquées par sa famille... Son grand-père se défigura, la souffrance se peignit sur son visage à mesure qu'il prenait sur lui pour s'empêcher de prononcer des mots qu'il regretterait ensuite. Il sortit un portefeuille de la poche arrière de son pantalon,

l'ouvrit et tira sur la glissière du compartiment intérieur...
La médaille apparut, il la saisit avec précaution et la tendit à son petit-fils.

Le cinquième objet du passé rejoignit les autres sur la table.

— Finis les mensonges ! s'exclama Raphaël. Allez, on déballe tout ! Terminées les embrouilles ! Quand je pense à cette confiance aveugle que j'avais en vous ! Vous avez tout gâché ! Bon, qui commence ?

Il voyait bien que son père pédalait dans la choucroute ; il était clair qu'il essayait de déchiffrer les raisons d'une telle crise et d'interpréter le sens de cette juxtaposition d'objets sur la table, sans y parvenir. En revanche, il fut surpris par la réaction de sa mère :

— Mais enfin quelqu'un va-t-il me dire ce qui se passe ici ? Raphaël, qu'est-ce que c'est que ce bric-à-brac ? Et d'abord, qui est-ce ? demanda-t-elle en désignant la photo de Marie.

Alors là, si elle mentait, elle était trop forte !

— Tu ne sais vraiment pas qui c'est ? interrogea-t-il d'un ton incrédule.

À cet instant précis, il perçut la présence de Marie. Elle l'accompagnait. Elle n'avait pas voulu le laisser affronter ça tout seul. Il s'accorda quelques secondes... La voix de Marie lui murmura à l'oreille :

— Non, ta mère ne sait rien, ménage-la ! Elle n'est ni au courant ni responsable de quoi que ce soit.

Donc, comme lui, sa mère était victime d'un complot. La bonne nouvelle, c'était que ses parents ne lui avaient pas menti. Il tourna la tête vers la gauche et pointa un doigt accusateur sur ses grands-parents :

— **VOUS ! JE VOUS ÉCOUTE !** hurla-t-il.

Francis prit sa tête entre ses mains et s'effondra sur la table en sanglots. Raphaël n'avait jamais vu son grand-père pleurer. Cela lui faisait mal de voir à quel point il était dévasté, mais il devait continuer coûte que coûte !

Sentant qu'on guettait sa réponse, Luce tenta de gagner du temps :

— Je ne tolérerai jamais qu'un enfant me parle comme ça, et toi, encore moins que les autres ! Tu es devenu fou ou quoi ? On ne comprend rien à ce que tu racontes ! Tu vas arrêter ce cirque immédiatement !

Le petit garçon sage et craintif était déjà bien loin :

— Non, désolé mamie, c'est toi qui vas arrêter ça tout de suite. Vous voyez bien qu'il est trop tard. L'heure de vérité a sonné. On vous écoute ! Alors ? Qui est cette jeune femme ?

— Marie, souffla Francis.

— Oui, et donc... Marie, c'était qui ?

— Écoute, Raphaël, il n'y a rien de bon à déterrer le passé... Je t'en prie ! Arrêtons cette conversation ! supplia Luce. Tout ça, c'était pour bien faire, alors laissons le passé tranquille !

Ce fut Laure qui enchaîna :

— Qu'est-ce qui est enterré, maman ? De quoi parle-t-on ? Qui est cette femme sur la photo ? Je voudrais qu'on m'éclaire, moi aussi...

— Marie était... ma jeune sœur, parvint à articuler Luce au bord des larmes. Il faut que vous compreniez... Ce n'était pas la même époque... Nos parents ont toujours été très stricts avec nous. En tant qu'aînée, je me devais de ne pas dilapider le patrimoine familial. Ils voulaient éviter à tout prix que cette grande bâtisse ne parte dans des mains « douteuses », selon eux. Ils s'étaient donc entendus avec une autre famille du village pour que leur aînée épouse l'un de leurs fils, le plus jeune puisque, chez eux aussi, le premier enfant né avait la lourde charge de reprendre la propriété et de la transmettre à ses descendants.

Un silence de plomb s'était abattu dans la pièce. Luce se moucha avant de poursuivre :

— Raphaël, je vois que tu es choqué. Ces pratiques n'existent plus dans notre société, mais à l'époque, c'était encore très courant...

Luce cherchait ses mots :

— Le prétendant que mes parents avaient choisi... le voici ! dit-elle en faisant un geste en direction de Francis. À ce moment-là, nous ne nous connaissions pas encore. Croyez-moi, je n'étais pas enchantée de ne pas pouvoir choisir mon futur époux moi-même, mais j'ai été soulagée en découvrant qu'il était gentil. Et beau garçon, ce qui ne gâtait rien !

Elle s'interrompit un court instant : il lui fallait trouver la formulation adéquate car le plus délicat restait à venir :

— Ce que personne n'avait prévu, c'est qu'en venant chez mes parents pour faire ma connaissance, il a aussi rencontré ma sœur Marie. Elle avait cinq ans de moins que moi, elle était tout feu tout flamme, débordante de vitalité, déjà très indépendante pour son âge... Elle n'aspirait qu'à mener sa vie comme elle l'entendait ! Jamais elle n'aurait accepté un mariage arrangé, elle... Jamais !

Nouvelle pause : Luce sanglotait en repensant à la triste destinée de sa jeune sœur :

— Je ne l'ai pas vu tout de suite, mais Francis et Marie se sont plu au premier regard. Ils étaient faits l'un pour l'autre... Francis, dit-elle en posant sa main sur son avant-bras pour l'encourager, il vaut mieux que ce soit toi qui continues...

Chapitre XX

Le grand-père sursauta en entendant son nom... Tout son corps trahissait une grande anxiété, Raphaël eut la sensation de se voir au tableau, balbutiant sous les invectives moqueuses du père Lesévère. Il éprouva même une certaine compassion pour son papi qui, ratatiné sur sa chaise, semblait maintenant si fragile...

Francis se racla la gorge pour se donner du courage :

— J'ai rencontré Marie lors de ma première visite à Luce, et, comment vous expliquer ?

Toute la famille était suspendue à ses lèvres tandis qu'il sélectionnait les mots pour passer aux aveux en essayant de ne blesser personne. On aurait entendu une mouche voler.

— Durant les deux heures passées ici, je n'ai eu d'yeux que pour elle... Il se racla de nouveau la gorge avant de poursuivre d'une voix mal assurée :

— Nous avons immédiatement compris que nous étions tombés amoureux. Mais comment faire ? Avec cette union que mes parents avaient arrangée pour moi, j'étais coincé... Et il y avait un autre problème, et pas des moindres : Marie avait à peine quinze ans. Elle faisait bien plus que son âge, tant elle était volontaire, ne se laissant jamais influencer par personne ; elle voulait aller au bout de ses choix, vivre sa vie sans aucune contrainte... Cette jeune fille était une battante et je peux dire qu'elle avait les pieds sur terre. Elle a fini par me convaincre que nous trouverions une solution.

La culpabilité de Francis était palpable, il baissait les yeux, gêné de se retrouver au centre de l'attention, lui d'habitude si taiseux. Il se mordit les lèvres et reprit son récit :

— Mais tant que nous ne l'avions pas, cette solution, nous devions être prudents, ce qui nous obligeait à nous voir en cachette. Marie avait son jardin secret, elle tenait un genre de journal intime dans lequel elle écrivait de magnifiques poèmes... Raphaël, je ne sais pas comment tu as trouvé ce carnet... C'est sur ces pages qu'elle consignait ce qu'elle voulait cacher au reste du monde...

Raphaël posa machinalement les yeux sur les débris de vaisselle qui jonchaient le sol et s'aperçut qu'ils formaient un M... M comme Marie... Il sentait la présence de la jeune femme, cela ne faisait pas l'ombre d'un doute. Il percevait tout l'amour qu'elle avait éprouvé pour son grand-père. Un amour à vous couper le souffle, à vous faire exploser le cœur... Celui de Raphaël battait à tout rompre. Cela lui faisait de la peine pour sa mamie, mais il était bien obligé d'admettre que son papi et la jeune Marie avaient été unis par un lien plus fort que tout et qu'ils étaient faits l'un pour l'autre.

Francis, assailli par une déferlante d'émotions qui remontaient à la surface, marqua une pause... Laure, qui intégrait chaque nouvelle l'une après l'autre, intervint d'une voix incertaine :

— Donc si je comprends bien, mon père tombe amoureux de ma tante, dont je n'ai jamais entendu parler... Mais il épouse ma mère comme convenu. Elle est un peu bancale, votre histoire, non ?

— Ce n'est pas fini, enchaîna Luce.

Elle était consciente que son mari avait puisé au fond de lui-même pour faire de tels aveux. Elle allait l'épargner pour la suite. Il fallait en finir, c'était trop éprouvant.

— Pendant quelque temps, Francis et Marie ont pu cacher leur liaison à tout le monde. Je voyais bien que Francis n'avait pas l'air pressé d'apprendre à mieux me connaître, mais je me disais que comme il allait bientôt partir au service militaire, il préférait attendre d'être libéré de l'armée... Et puis... Marie est tombée enceinte.

Raphaël capta instantanément l'air ébahi de sa mère au moment où Luce prononçait ces mots.

— Au début, elle n'a rien dit, bien sûr. Mais au bout d'un certain temps, il lui a bien fallu se confier, sa grossesse n'allait pas tarder à se voir. Elle m'a donc mise dans la confidence, avant que nos parents n'apprennent quoi que ce soit. Elle aimait vraiment Francis, et lorsqu'elle m'a montré le pendentif qu'il avait fait graver pour elle, j'ai compris que c'était réciproque. J'aimais ma sœur, je ne pouvais pas renoncer à l'aider... Francis était déjà parti depuis quelques mois pour faire son service militaire... Ils se retrouvaient en cachette pendant ses courtes permissions... Mais face à ce problème, elle se retrouvait seule. C'était à moi de l'épauler. Nous avons toutes les deux décidé de ne pas révéler l'identité du père pour éviter d'avoir encore plus de problèmes. Lorsque nos parents ont appris que leur fille cadette et mineure, avait conçu un enfant hors mariage, ils sont entrés dans une rage folle ! Obsédés par le « Qu'en-dira-t-on ? », redoutant le jugement de la communauté « bien-pensante » du village et des alentours, craignant pour la réputation de la famille, ils eurent même peur que cela n'annule mon mariage ! S'ils avaient su qui était le père, je n'ose imaginer ce qui aurait pu se produire !

Raphaël observait ses parents, tous deux s'étaient figés sur place, éberlués par ces révélations. On aurait dit qu'ils s'étaient métamorphosés en statues de marbre. *Quand je pense qu'ils étaient pressés que je descende,* pensa-t-il ironiquement. *Là, je crois bien que le dîner va être vite expédié !*

Laure tendit la main pour attraper la médaille, la retourna pour lire l'inscription… Elle regarda son père et la reposa sans rien dire tandis que Luce poursuivait :

— Nos parents ont alors décidé que comme il n'était pas possible de dissimuler la grossesse, il fallait cacher Marie jusqu'à la naissance et qu'une fois né, le bébé serait confié à l'adoption. Ils ont donc prétexté un départ pour la capitale, ont brodé une histoire selon laquelle leur fille cadette aurait rejoint une vieille tante afin de l'aider à faire le ménage et les courses tout en suivant une formation de sténodactylo. Si quelqu'un a flairé quoi que ce soit de bizarre, personne n'en a jamais rien dit… Mais en réalité, Marie était toujours là, enfermée dans sa chambre.

— Quoi ? Mais c'étaient des monstres, s'insurgea Laure.

— Carrément ! Des monstres, c'est le mot ! Prisonnière là-haut, avec un pot de chambre comme toilettes, et une cuvette pour se laver ! Qui traite les gens comme ça ! On n'est plus au Moyen-Âge ! hurla Raphaël.

Il ne pouvait pas retenir son amertume. Toute sa famille était abasourdie, du coup personne n'eut la présence d'esprit de lui demander comment il pouvait connaître autant de détails sur ce triste épisode du passé…

— C'est difficile à comprendre, je sais, et je ne dis pas que j'approuve ce qu'ils ont fait… Mais je sais qu'ils ont pensé agir pour notre bien. Même pour Marie : ils ne voulaient pas qu'un enfant vienne gâcher son avenir… qu'elle soit condamnée à être une « fille-mère », pour reprendre l'expression consacrée. À la campagne, c'était très mal vu ! C'était considéré comme une faute, un déshonneur... Les mères célibataires devaient supporter toutes sortes d'humiliations et leur vie devenait un enfer ! Luce tentait d'apaiser la tempête qu'elle sentait inéluctable.

— Et toi, tu savais qu'elle était enceinte... Et tu n'as pas levé le petit doigt ? Laure accusait maintenant son père.

Raphaël regarda sa mère sous un nouveau jour : il ne l'avait jamais perçue comme capable de se révolter, elle était aussi réservée que lui et n'exprimait pas facilement ses sentiments. Jamais il n'aurait imaginé qu'elle puisse tenir tête à ses parents et encore moins leur demander de se justifier. Elle était en train de le surprendre.

— Francis n'a pas pu faire quoi que ce soit ! intervint Luce d'un ton catégorique. Il a tout ignoré de sa grossesse pendant un certain temps... Pour le protéger Marie avait préféré ne rien lui dire. Elle le lui a annoncé lors d'une permission, juste avant d'être obligée de l'avouer aux parents. C'est à partir de là qu'elle a été retenue dans sa chambre, il lui est devenu impossible de communiquer avec Francis. Il ne pouvait pas écrire directement à la maison, son courrier aurait été intercepté et ouvert... Marie était désespérée... Elle avait perdu l'appétit et commençait à se laisser dépérir... En refusant la nourriture, elle mettait aussi la vie du bébé en danger... J'ai donc fini par accepter de poster des lettres pour elle. Nous avons même réussi à monter un plan pour qu'elle reçoive un courrier de lui, mais c'était trop risqué pour moi, je ne l'ai fait qu'une fois. Aujourd'hui, n'importe qui peut échanger avec qui il veut par SMS, par mail ou que sais-je encore... Il faut garder à l'esprit que lorsque nous étions jeunes, tous les parents contrôlaient le courrier reçu et envoyé par leurs enfants.

— Mais je ne comprends pas pourquoi elle n'a pas ameuté tout le quartier ! reprit ma mère... *Pile au moment où j'allais le demander. Décidément, nous étions tous les deux sur la même longueur d'onde depuis tout à l'heure ! Bravo maman ! Tu ne lâches rien ! Je t'aime.*

— Le chantage... Elle pensait qu'en restant docile, ils allaient élever son bébé. Moi, je suis certaine qu'ils avaient prévu tout autre chose malgré leur promesse... Mais cela n'a jamais été évoqué devant moi, et je n'ai jamais eu le courage de lui faire part de mes doutes, avoua Luce, dépitée.

— C'est vraiment horrible, inouï... Inexcusable !

Les mots manquaient à Laure pour exprimer ce qu'elle ressentait sans déverser une avalanche de gros mots devant son fils déjà très ébranlé par les aveux de ses grands-parents...

— Et quand je pense que vous avez été témoins de cette monstruosité... Des témoins coupables ! finit-elle par lâcher d'une voix courroucée.

Plus personne ne parlait. Le silence était d'une lourdeur suffocante.

Chapitre XXI

Pichu se tenait à la porte. C'était la nième fois de la soirée qu'il venait jeter un coup d'œil dans la salle à manger. Il n'appréciait pas du tout de déroger à son rituel du soir... Et ses petites habitudes le conduisaient, avec la précision d'une horloge suisse, à s'installer sur « sa » chaise, contre la fenêtre, tout près du radiateur en hiver. D'ordinaire, cet endroit était le paradis pour ce gros patapouf d'un âge avancé, qui passait plus de temps à dormir qu'à chasser les souris...

Mais ce soir, impossible de se risquer à traverser cette pièce... Son instinct lui dictait de rester éloigné.

Si Raphaël avait prêté attention au comportement du chat, il aurait réalisé que l'animal captait non seulement l'électricité ambiante émanant de tout ce stress, mais aussi la présence invisible de Marie. Et Pichu détestait l'une et l'autre de ces deux perceptions extrasensorielles !

Toutefois, Raphaël était à mille lieues des tergiversations du chat, trop préoccupé pour observer le manège de Pichu. Marie ne cessait d'interférer dans les pensées tumultueuses qui se bousculaient dans la tête du garçon : *Raphaël ! Et mon bébé ! Raphaël ! Mon bébé ! Fais-leur dire la vérité !* Depuis plusieurs minutes, il entendait cette complainte tournoyer en boucle dans sa tête. Les adultes n'avaient pas l'air pressé d'abattre la dernière carte sur la table… Il sentait qu'il n'allait pas parvenir à supporter plus longtemps les gémissements de Marie qui avaient pris possession de son crâne. La souffrance atteignait des sommets, il avait l'impression que ses tempes étaient comprimées dans un étau. C'était intenable ! D'accord, c'était lui qui avait allumé la mèche, c'était à lui de s'assurer que ce terrain miné allait bien exploser : *cette fois-ci, finies les cachotteries, et pour de bon*. Il se lança :

— Qu'est-il arrivé au bébé ? A-t-il survécu ?

Les grands-parents se figèrent un peu plus, si tant est que ce fût possible.

Luce inspira profondément et leva les yeux vers Raphaël, puis vers Laure.

— Vous risquez de ne pas comprendre, de mal nous juger… Mais de tout mon cœur, je voudrais que vous parveniez à nous pardonner, lâcha-t-elle, les yeux embués par les larmes.

Raphaël demeura imperturbable. Il affichait la parfaite « poker face », cette absence totale de réaction décodable sur son visage avait de quoi désarçonner autrui. Il se sentait désormais capable de déstabiliser son instituteur dont le sport préféré était d'intimider les élèves en les toisant d'un regard dédaigneux… Dorénavant, plus question pour lui de souhaiter entrer dans un trou de souris et de tout faire pour se rendre invisible. Il n'aurait plus peur d'être lui-même, n'en déplaise à Lesévère ! Qui sait, il pourrait peut-être même parvenir à lui faire baisser les yeux, à ce vieux tortionnaire !

Il chassa vite cette idée parasite, presque honteux de penser à de telles choses à un moment pareil… Léna lui aurait dit : « c'est un réflexe de survie, une protection, une façon lâcher un trop-plein de tension ». Son amie était sans doute loin de se douter de ce qui se tramait dans la maison des Duchemin…

— Poursuis ! intima-t-il à sa grand-mère.

— Je... hum ! Aide-moi si je n'y arrive pas, Francis ! demanda-t-elle à son mari d'un ton suppliant. Elle pensa qu'elle serait soulagée d'en finir avec ce terrible secret de famille qui lui pourrissait la vie depuis des années et se lança :

— Marie a eu une grossesse assez difficile, il y avait un gros risque de naissance prématurée. À l'époque, c'était dangereux pour la mère et pour l'enfant. Elle a dû garder le lit dès le sixième mois. Le bébé était annoncé pour la mi-novembre, mais un mois et demi avant le terme, elle a commencé à avoir de fortes contractions que le docteur n'a pas pu stopper. Mes parents n'ont pas eu le temps de la conduire à l'hôpital ou même d'appeler une ambulance depuis la cabine publique, près de l'église. Faire cinquante kilomètres n'était pas envisageable. L'accouchement a eu lieu ici, dans sa chambre : je n'ai pas eu le droit d'entrer pour aider, j'étais dans le couloir, c'était long... Je crois qu'elle a énormément souffert... J'ai entendu beaucoup de hurlements... Puis plus rien... Et tout à coup, les pleurs d'un bébé.

Laure venait de pousser un soupir de soulagement ; elle s'attendait à une fin plus noire !

— Et donc ? Qu'est devenu le bébé ?

— Marie, trop affaiblie par l'accouchement, n'a pu résister... Elle a perdu la vie en la donnant.

Tout le monde avait la gorge serrée au moment où Luce reprit :

— Un petit être a vu le jour le 29 novembre 1975 vers 17 heures... Ce bébé, elle voulait initialement le prénommer France, en lien avec le prénom du papa.

— Je ne comprends rien ! décréta Laure. Une fille ? En novembre 1975 ? Le 29 ? C'est une blague ! Qu'es-tu en train de me dire ? Que j'aurais une cousine qui serait née le même jour que moi d'une tante dont je n'avais jamais entendu parler jusqu'à présent ?

Raphaël regarda sa mère, effaré : les informations n'étaient, semble-t-il, pas encore parvenues au centre de traitement des données de son cerveau ! Elle n'arrivait pas à faire le lien… Alors que lui… Lui n'avait besoin d'aucune reformulation… C'était limpide… Clair comme de l'eau de roche ! C'était aussi bien plus terrible que tout ce qu'il s'était efforcé d'espérer…

Malgré la confidence de Marie, il s'était accroché à l'espoir qu'elle se trompait, puisqu'elle n'était plus là pour voir ce qui s'était réellement passé avec le bébé… Au fond de lui, il avait imaginé que ce bébé avait bien été écarté de la famille… Se prendre en pleine figure que sa grand-mère, la personne de sa famille avec qui il s'était senti le plus proche jusqu'alors n'était en fait que… Que quoi, au juste ? Un genre de tante ! *Comment l'aimer de la même manière, désormais ?*

Les signaux au fond de lui étaient contradictoires : Marie s'était enfin calmée, il sentait son soulagement… Mais cette fois, c'était son mental à lui qui martelait *Maman ! Maman ! Comment va-t-elle réagir ?* Il se tenait prêt à bondir pour la soutenir.

Laure avait eu besoin de plusieurs minutes pour assimiler l'avalanche de révélations qui lui était tombée dessus. À son visage horrifié, Luce comprit qu'elle venait de saisir toutes les implications…

— Laure, c'est toi la fille de Marie. Mes parents voulaient te faire adopter… Mais je ne pouvais pas m'y résoudre : tu représentais tout ce qu'il me restait de ma sœur…

Des larmes s'étaient mises à couler sur les joues de Laure.

— Francis est rentré en permission trois jours après le drame… Il était si triste, lui aussi ! D'un commun accord, nous avons décidé de nous marier comme prévu, une fois son service militaire terminé, et de t'adopter. Nous avons mis au point un stratagème pour expliquer aux connaissances le mariage si soudain et l'arrivée si rapide d'un nourrisson prématuré : nous avions pensé à tout. Mes parents ont accepté, mes beaux-parents n'ont jamais connu les dessous de l'histoire, mais l'idée était de faire croire aux gens que j'avais réussi à cacher ma grossesse avant mon mariage. T'appeler France me faisait trop mal. Dès que je prononçais ton nom, j'entendais la voix de ma sœur. J'ai donc opté pour un autre prénom ayant la même initiale que le mien, pour nous donner un lien supplémentaire. Nous avons fait tout cela pour te protéger. Cependant Marie est restée entre nous : nous nous sommes toujours bien entendus tous les deux, Francis et moi, mais pas comme des amoureux… Comme de bons amis. Il n'a jamais été question d'avoir d'autres enfants… Francis est… ton père biologique. Lui et moi n'avons jamais cessé de t'aimer.

Raphaël n'eut pas le temps de réagir : sa mère venait de s'effondrer au sol.

Épilogue

— Eh bien dis donc ! Dans le genre « secrets de famille », vous ne faites pas les choses à moitié ! s'exclama Léna, époustouflée.

*
* *

Après une vingtaine de minutes d'errance dans les rues du village, durant lesquelles Raphaël n'était visiblement pas disposé à se confier davantage, leurs pas les conduisirent au vieux lavoir, où le banc était vide...
Raphaël s'assit, Léna fit de même... Et il se décida à tout déballer... Elle était interloquée... Elle ne l'avait pas vue venir celle-là !
— Qu'est-ce que tu vas faire, maintenant ?
— Pendant la nuit, j'ai tourné et retourné tout ça dans ma tête... J'ai d'abord pensé partir : préparer un sac et me sauver loin de tout ça. Mais je n'ai que 56 euros d'économies dans ma cagnotte... Alors tu penses bien que ça ne suffit pas pour prendre le large !
— Je t'aurais aidé ! s'écria la jeune fille.

— Je sais bien, mais je ne veux pas t'embarquer dans une histoire de fugue. Et puis... Il y a autre chose... Marie m'a transmis un dernier message : elle est sereine à présent. Elle me demande de ne garder aucune amertume à la suite de ces révélations. Elle affirme que c'était le destin... Elle veut que je prenne soin de ma maman et que Luce retrouve la place qu'elle avait dans mon cœur. Ça, je t'avoue, je n'y suis pas encore prêt ! D'autant qu'il y a encore beaucoup de questions sans réponses, à savoir où se trouve la tombe de Marie, pourquoi personne ne semble avoir réagi à son décès, etc. Je dois découvrir tout ça parce que j'ai le sentiment de ne plus savoir d'où je viens.

Léna s'approcha de son fidèle ami, elle voyait combien toute cette histoire avait été traumatisante. Il allait s'en remettre, mais d'ici là, de l'eau coulerait sous les ponts ! Elle le serra très fort dans ses bras et lui murmura délicatement à l'oreille :

— Je suis là, Raphie. Je serai toujours là pour toi.

— Je sais, Léna, je sais... Sans toi je n'aurais jamais réussi à m'en sortir ! Je veux que tu saches à quel point tu m'as aidé, depuis le départ, depuis qu'on se connaît... Chaque fois que j'ai besoin de toi, tu es là. Quand j'y pense, je me dis que c'est dingue, un tel lien !

— Non, pas « dingue », juste exceptionnel. Nous sommes des âmes sœurs pour toujours. Tu vas voir, à nous deux, on va braver toutes les embûches qui se présenteront devant nous !

Cette fois-ci ce fut Raphie qui resserra son étreinte :
— C'est cool !

Il la regarda droit dans les yeux :
— Après tout, on est les 2B1, oui ou non ! Sans cette amitié qu'on partage, j'aurais jamais pu affronter ça !

Chacun enlaça l'autre encore plus fort pour prolonger la magie de l'instant.

Nous vous invitons à relire ou à découvrir le poème *Terreur* de *Guy de Maupassant* que nous avons cité et qui correspond parfaitement à l'état d'esprit de Raphaël au début de l'histoire. En voici un extrait supplémentaire :

Une sueur de mort me glaçait chaque membre,
Et je n'entendais pas d'autre bruit dans ma chambre
Que celui de mes dents qui claquaient de terreur.

Avertissement :

Cette histoire est une fiction qui se déroule hors du cadre et des contraintes liées à la crise sanitaire, à une époque où il n'y avait ni COVID 19, ni masques, ni distanciation sociale.

Remerciements

Un grand merci à Nicolas Dumez pour ses remarques pertinentes.

Merci à vous de lire ce livre et d'en parler autour de vous s'il vous a plu.

Merci aux libraires et aux bibliothécaires qui prendront le temps de s'intéresser à notre roman ainsi qu'aux blogueur.euse.s littéraires, aux instagrammeur.euse.s qui publieront une chronique.

Se lancer dans l'écriture et la publication d'un roman est une très belle aventure. Nous espérons avoir l'occasion de rencontrer certains de nos lecteur.rice.s dans des salons du livre ou virtuellement.